Recetas para Construir Músculo para Fisicoculturismo, para Pre y Post Competencia:

Recupérese más rápido y mejore su desempeño, alimentando su cuerpo con poderosas comidas para construir músculo y destruir la grasa

Por

Joseph Correa

Nutricionista Deportivo Certificado

COPYRIGHT

© 2016 Finibi Inc

Todos los derechos reservados

La reproducción o traducción de cualquier parte de este trabajo, más allá de lo autorizado mediante la sección 107 o 108 de la Ley de Propiedad Intelectual de los Estados Unidos, sin el permiso del propietario de los derechos de autor, es ilegal.

Esta publicación está destinada a proporcionar información precisa y fiable en referencia a la temática cubierta. Ésta es comercializada bajo el entendimiento de que, ni el autor ni la editorial, pretenden brindar asesoría médica.

Si requiere asesoría o asistencia médica, consulte un doctor. Este libro es considerado una guía y no debe ser utilizado en ninguna manera que perjudique su salud. Consulte a un médico antes de iniciar este plan nutricional para asegurarse de que es el adecuado para usted.

AGRADECIMIENTOS

La realización y éxito de este libro no hubiese sido posible sin mi familia.

Recetas para Construir Músculo para Fisicoculturismo, para Pre y Post Competencia:

Recupérese más rápido y mejore su desempeño, alimentando su cuerpo con poderosas comidas para construir músculo y destruir la grasa

Por

Joseph Correa

Nutricionista Deportivo Certificado

CONTENIDOS

Copyright

Agradecimientos

Acerca del Autor

Introducción

Batidos Pre-competencia para Fisicoculturismo

Comidas para músculo Pre-competencia para Fisicoculturismo

Batidos Post-competencia para Fisicoculturismo

Comidas Post-competencia para Fisicoculturismo

Otros Grandes Títulos del Autor

ACERCA DEL AUTOR

Como nutricionista deportivo certificado y atleta profesional, creo firmemente que una nutrición apropiada le ayudará a lograr sus metas más rápida y efectivamente. Mi conocimiento y experiencia me han ayudado a vivir más sanamente a través de los años, lo que he compartido con mis familiares y amigos. Mientras más conoces acerca de comer y beber sanamente, más pronto vas a querer cambiar tus hábitos de vida y alimentación.

Tener éxito en el control de su peso es importante pues esto mejorará todos los aspectos de su vida.

La nutrición es clave en el proceso de ponerse en mejor forma y de esto se trata este libro.

INTRODUCCIÓN

Recetas para Construir Músculo para Fisicoculturismo, para Pre y Post Competencia: Recupérese más rápido y mejore su desempeño, alimentando su cuerpo con poderosas comidas para construir músculo y destruir la grasa

Este libro le ayudará a incrementar la cantidad de proteínas que usted consume al día, para facilitar el aumento de masa muscular. Estas recetas le ayudarán a aumentar músculo en una manera organizada, agregando grandes porciones saludables de proteína a su dieta. El estar demasiado ocupado para alimentarse apropiadamente puede, a menudo, convertirse en un problema y es por esto que este libro le ahorrará tiempo y le ayudará a nutrir su cuerpo para lograr las metas deseadas. Asegúrese de conocer qué está comiendo preparándolo usted mismo o pidiendo a alguien que lo prepare para usted.

Este libro le ayudará a:

- Ganar músculo rápida y naturalmente.

- Mejorar la recuperación muscular.

- Tener más energía.

- Acelerar naturalmente su metabolismo para construir más músculo.

- Mejorar su sistema digestivo.

Joseph Correa es un nutricionista deportivo certificado y un atleta profesional.

BATIDOS PRE-COMPETENCIA PARA FISICOCULTURISMO

1. **Batido de Avena y Almendras**

Tiempo de preparación: 5 minutos
Porciones: 3

1. Ingredientes:

220ml de leche
1 cucharada de almendras (molidas) (15g)
1 cucharada de avena (15g)
1 cucharadita de sirope de maple (5g)
½ cucharadita de extracto de vainilla (2-3g)
2 cucharadas de Yogur Griego (30 g)
30g de whey protein

2. Preparación:

Todos ingredientes van a la licuadora y son licuados hasta que la consistencia esté suave.

3. Información Nutricional (cantidad por 100ml/composición completa):

Contiene calcio, hierro;

Recetas para Construir Músculo para Fisicoculturismo, para Pre y Post Competencia

Calorías: 111	Calorías: 333
Calorías provenientes de la Grasa: 29	Calorías provenientes de la Grasa: 86
Grasas Totales: 3.2g	Grasas Totales: 9.5g
Grasas Saturadas: 0.7g	Grasas Saturadas: 2.1g
Colesterol: 21mg	Colesterol: 64mg
Sodio: 58mg	Sodio: 175mg
Potasio: 182mg	Potasio: 547mg
Carbohidratos Totales: 9.3g	Carbohidratos Totales: 27.9g
Fibra Dietética: 0.8g	Fibra Dietética: 2.6g
Azúcar: 5.1g	Azúcar: 15.3g
Proteínas: 11.1g	Proteínas: 33.5g

2. Batido de Menta y Avena

Tiempo de preparación: 5 minutos

Porciones: 5

1. Ingredientes:

70g de avena

30g de hojuelas de salvado

300ml de leche

50g de cuajada

½ cucharadita de extracto de menta (3g)

30g de helado (vainilla/chocolate)

50g de whey protein (chocolate)

2. Preparación:

Mezcle todos los ingredientes en una licuadora hasta que la mezcla esté suave.

3. Información Nutricional (cantidad por 100ml/composición completa):

Contiene Vitamina A, calcio, hierro.

Recetas para Construir Músculo para Fisicoculturismo, para Pre y Post Competencia

Calorías: 180	Calorías: 900
Calorías provenientes de la Grasa: 51	Calorías provenientes de la Grasa: 253
Grasas Totales: 5.6g	Grasas Totales: 28.1g
Grasas Saturadas: 2.9g	Grasas Saturadas: 14.4g
Colesterol: 30mg	Colesterol: 151mg
Sodio: 111mg	Sodio: 555mg
Potasio: 179mg	Potasio: 869mg
Carbohidratos Totales: 20.7g	Carbohidratos Totales: 104g
Fibra Dietética: 2.5g	Fibra Dietética: 12.4g
Azúcar: 6.2g	Azúcar: 31.2g
Proteínas: 12.6g	Proteínas: 63.2g

3. Batido de Canela

Tiempo de preparación: 5 minutos

Porciones: 3

1. Ingredientes:

240ml de leche
¼ cucharada de canela (4g)
½ cucharadita de extracto de vainilla (3g)
2 cucharadas de vainilla ice-cream (30g)
2 cucharadas de avena (30g)
50g de whey protein

2. Preparación:

Mezcle todos los ingredientes en una licuadora hasta que la mezcla esté suave.

3. Información Nutricional (cantidad por 100g/composición completa):

Contiene Vitamina A, calcio, hierro.

Recetas para Construir Músculo para Fisicoculturismo, para Pre y Post Competencia

Calorías: 131	Calorías: 342
Calorías provenientes de la Grasa: 30	Calorías provenientes de la Grasa: 89
Grasas Totales: 3.3g	Grasas Totales: 9.9g
Grasas Saturadas: 1.8g	Grasas Saturadas: 5.4g
Colesterol: 42mg	Colesterol: 127mg
Sodio: 73mg	Sodio: 219mg
Potasio: 158mg	Potasio: 474mg
Carbohidratos Totales: 10.3g	Carbohidratos Totales: 31g
Fibra Dietética: 1g	Fibra Dietética: 3.1g
Azúcar: 4.8g	Azúcar: 14.4g
Proteínas: 15.3g	Proteínas: 45.9g

4. Batido de almendras

Tiempo de preparación: 5 minutos

Porciones: 5

1. Ingredientes:

220ml de leche de almendras
120g de avena
50g de whey protein
80g de pasas
20g de almendras (molidas)
1 cucharada de mantequilla de maní (15g)

2. Preparación:

Mezcle todos los ingredientes en una licuadora hasta que la mezcla esté suave.

3. Información Nutricional (cantidad por 100g/composición completa):

Contiene : Vitamina C, hierro, calcio.

Recetas para Construir Músculo para Fisicoculturismo, para Pre y Post Competencia

Calorías: 241	Calorías: 1207
Calorías provenientes de la Grasa: 61	Calorías provenientes de la Grasa: 304
Grasas Totales: 6.7g	Grasas Totales: 33.7g
Grasas Saturadas: 1.6g	Grasas Saturadas: 8g
Colesterol: 24mg	Colesterol: 122mg
Sodio: 57mg	Sodio: 283mg
Potasio: 339mg	Potasio: 1693mg
Carbohidratos Totales: 33.8g	Carbohidratos Totales: 169g
Fibra Dietética: 3.7g	Fibra Dietética: 18.5g
Azúcar: 12.5g	Azúcar: 62.3g
Proteínas: 13.9g	Proteínas: 69.4g

5. Batido de Banana y Almendras

Tiempo de preparación: 5 minutos
Porciones: 5

1. Ingredientes:

2 bananas
230ml de leche de almendras
20g de almendras (molidas)
10g de pistachos (molidos)
40g de whey protein

2. Preparación:

Mezcle todos los ingredientes en una licuadora hasta que la mezcla esté suave.

3. Información Nutricional (cantidad por 100g/composición completa):

Contiene Vitamina A, C, hierro, calcio.

Recetas para Construir Músculo para Fisicoculturismo, para Pre y Post Competencia

Calorías: 241	Calorías: 1073
Calorías provenientes de la Grasa: 61	Calorías provenientes de la Grasa: 659
Grasas Totales: 6.7g	Grasas Totales: 73.2g
Grasas Saturadas: 1.6g	Grasas Saturadas: 52.1g
Colesterol: 24mg	Colesterol: 83mg
Sodio: 57mg	Sodio: 109mg
Potasio: 339mg	Potasio: 1934mg
Carbohidratos Totales: 33.8g	Carbohidratos Totales: 78.7g
Fibra Dietética: 3.7g	Fibra Dietética: 14.8g
Azúcar: 12.5g	Azúcar: 39.4g
Proteínas: 13.9g	Proteínas: 42.8g

6. Batido de Bayas Silvestres

Tiempo de preparación: 5 minutos

Porciones: 7

1. Ingredientes:

30g de fresas

30g de arándanos

30g de frambuesas

30g de pasas de Corinto

500ml de leche

60g de whey protein

1 cucharadita de extracto de vainilla (5g)

1 cucharadita de extracto de limón (5g)

2. Preparación:

Mezcle todos los ingredientes en una licuadora hasta que la mezcla esté suave. También puede agregar algunos cubos de hielo a la mezcla.

3. Información Nutricional (cantidad por 100g/composición completa):

Contiene Vitamina A, C, hierro, calcio.

Recetas para Construir Músculo para Fisicoculturismo, para Pre y Post Competencia

Calorías: 78	Calorías: 549
Calorías provenientes de la Grasa: 19	Calorías provenientes de la Grasa: 131
Grasas Totales: 2.1g	Grasas Totales: 14.6g
Grasas Saturadas:1.2g	Grasas Saturadas:8.1g
Colesterol: 24mg	Colesterol: 167mg
Sodio: 50mg	Sodio: 351mg
Potasio: 119mg	Potasio: 832mg
Carbohidratos Totales: 6.7g	Carbohidratos Totales:46.9g
Fibra Dietética: 0.7g	Fibra Dietética: 4.6g
Azúcar: 4.7g	Azúcar: 33g
Proteínas: 8.7g	Proteínas: 61g

7. Batido de Fresa

Tiempo de preparación: 5 minutos
Porciones: 5

1. Ingredientes:

30g de fresas
100g de yogur Griego
200ml de leche
40g de whey protein
2 huevos
20g de endulzante (miel/ azúcar morena)
Cubos de hielo
1 cucharadita de extracto de vainilla (5g)

2. Preparación:

Mezcle todos los ingredientes en una licuadora hasta que la mezcla esté suave.

El Yogur Griego puede tener diferentes aromas, como vainilla o Fresa, o puede ser natural. Este batido funciona con todos los sabores.

3. Información Nutricional (cantidad por 100g/composición completa):

Contiene Vitamina A, C, hierro, calcio.

Recetas para Construir Músculo para Fisicoculturismo, para Pre y Post Competencia

Calorías: 96	Calorías: 508
Calorías provenientes de la Grasa: 32	Calorías provenientes de la Grasa: 157
Grasas Totales: 3.5g	Grasas Totales: 17.4g
Grasas Saturadas: 1.6g	Grasas Saturadas: 8g
Colesterol: 87mg	Colesterol: 433mg
Sodio: 65mg	Sodio: 326mg
Potasio: 131mg	Potasio: 656mg
Carbohidratos Totales: 9.2g	Carbohidratos Totales: 45.9g
Fibra Dietética: 2.5g	Fibra Dietética: 12.4g
Azúcar: 3.4g	Azúcar: 17.2g
Proteínas: 11.3g	Proteínas: 56.6g

8. Batido de Fresa y Vainilla

Tiempo de preparación: 5 minutos

Porciones: 7

1. Ingredientes:

100g de fresas
1 banana
1 cucharadita de extracto de vainilla (5g)
1 cucharada de extracto de fresas (15g)
50g de avena
200ml de leche
5 huevos
Cubos de hielo

2. Preparación:

Mezcle todos los ingredientes en una licuadora hasta que la mezcla esté suave.

3. Información Nutricional (cantidad por 100g/composición completa):

Contiene Vitamina A, C, hierro, calcio.

Recetas para Construir Músculo para Fisicoculturismo, para Pre y Post Competencia

Calorías: 112	Calorías: 782
Calorías provenientes de la Grasa: 39	Calorías provenientes de la Grasa: 271
Grasas Totales: 4.3g	Grasas Totales: 30.1g
Grasas Saturadas: 1.4g	Grasas Saturadas:10.1g
Colesterol: 119mg	Colesterol: 835mg
Sodio: 59mg	Sodio: 421mg
Potasio: 170mg	Potasio: 1189mg
Carbohidratos Totales:11.7g	Carbohidratos Totales: 82g
Fibra Dietética: 1.4g	Fibra Dietética: 10.1g
Azúcar: 4.6g	Azúcar: 32.5g
Proteínas: 6.1g	Proteínas: 43g

9. Batido de Fresa y Frutos secos

Tiempo de preparación: 5 minutos

Porciones: 4

1. Ingredientes:

50g de fresas
50g de frutos secos mixtos (picados)
200ml de leche
100g de yogur Griego
2 cucharadas de avena (30g)

2. Preparación:

Mezcle todos los ingredientes en una licuadora hasta que la mezcla esté suave.

3. Información Nutricional (cantidad por 100g/composición completa):

Contiene Vitamina A, C, hierro, calcio.

Recetas para Construir Músculo para Fisicoculturismo, para Pre y Post Competencia

Calorías: 140	Calorías: 417
Calorías provenientes de la Grasa: 81	Calorías provenientes de la Grasa: 324
Grasas Totales: 9g	Grasas Totales: 36g
Grasas Saturadas:1.4g	Grasas Saturadas:5.4g
Colesterol: 1mg	Colesterol: 5mg
Sodio: 80mg	Sodio: 321mg
Potasio: 125mg	Potasio: 499mg
Carbohidratos Totales: 9.2g	Carbohidratos Totales:36.9g
Fibra Dietética: 1.4g	Fibra Dietética: 5.5g
Azúcar: 4.3g	Azúcar: 17.1g
Proteínas: 6.9g	Proteínas: 27.6g

10. Batido de Frambuesa

Tiempo de preparación: 5 minutos
Porciones: 4

1. Ingredientes:

50g de whey protein
100g de frambuesas
30g de fresas
50g de crema agria
200ml de leche
1 cucharadita de extracto de lima (5g)

2. Preparación:

Mezcle todos los ingredientes en una licuadora hasta que la mezcla esté suave.

3. Información Nutricional (cantidad por 100g/composición completa):

Contiene Vitamina A, C, B-12, hierro, calcio.

Recetas para Construir Músculo para Fisicoculturismo, para Pre y Post Competencia

Calorías: 116	Calorías: 465
Calorías provenientes de la Grasa: 41	Calorías provenientes de la Grasa: 166
Grasas Totales: 4.6g	Grasas Totales: 18.4g
Grasas Saturadas: 2.6g	Grasas Saturadas: 10.6g
Colesterol: 36mg	Colesterol: 143mg
Sodio: 54mg	Sodio: 214mg
Potasio: 168mg	Potasio: 670mg
Carbohidratos Totales: 8.1g	Carbohidratos Totales: 32.5g
Fibra Dietética: 1.8g	Fibra Dietética: 7.1g
Azúcar: 4.2g	Azúcar: 16.8g
Proteínas: 11.4g	Proteínas: 45.5g

11. Batido de Arándanos

Tiempo de preparación: 5 minutos

Porciones: 6

1. Ingredientes:

250g de arándanos

50g de crema agria

80g de avena

100ml de leche de coco

160g de puré de calabaza

Canela, nuez moscada para espolvorear por encima

2. Preparación:

Mezcle todos los ingredientes en una licuadora hasta que la mezcla esté suave.

3. Información Nutricional (cantidad por 100g/composición completa):

Contiene Vitamina A, C, hierro, calcio.

Recetas para Construir Músculo para Fisicoculturismo, para Pre y Post Competencia

Calorías: 140	Calorías: 641
Calorías provenientes de la Grasa: 62	Calorías provenientes de la Grasa: 371
Grasas Totales: 6.9g	Grasas Totales: 41.2g
Grasas Saturadas: 4.8g	Grasas Saturadas: 29.1g
Colesterol: 4mg	Colesterol: 22mg
Sodio: 9mg	Sodio: 56mg
Potasio: 192mg	Potasio: 1150mg
Carbohidratos Totales: 18.5g	Carbohidratos Totales: 112g
Fibra Dietética: 3.5g	Fibra Dietética: 21g
Azúcar: 5.7g	Azúcar: 34.4g
Proteínas: 3g	Proteínas: 18.1g

12. Batido de Mantequilla de maní

Tiempo de preparación: 5 minutos
Porciones: 6

1. Ingredientes:

300ml de leche de almendras
50g de mantequilla de maní
50g de frutos secos mixtos
6 claras de huevo
1 cucharadita de extracto de mantequilla (5g)

2. Preparación:

Mezcle todos los ingredientes en una licuadora hasta que la mezcla esté suave.

3. Información Nutricional (cantidad por 100g/composición completa):

Contiene Vitamina C, hierro, calcio.

Recetas para Construir Músculo para Fisicoculturismo, para Pre y Post Competencia

Calorías: 236	Calorías: 1415
Calorías provenientes de la Grasa: 191	Calorías provenientes de la Grasa: 1148
Grasas Totales: 21.3g	Grasas Totales: 127.6g
Grasas Saturadas: 12.2g	Grasas Saturadas: 73.1g
Colesterol: 0mg	Colesterol: 0mg
Sodio: 109mg	Sodio: 656mg
Potasio: 241mg	Potasio: 1448mg
Carbohidratos Totales: 6.2g	Carbohidratos Totales: 37.2g
Fibra Dietética: 2g	Fibra Dietética: 11.9g
Azúcar: 3.1g	Azúcar: 18.5g
Proteínas: 8.3g	Proteínas: 50.2g

13. Batido de Mantequilla de Maní y Banana

Tiempo de preparación: 5 minutos
Porciones: 7

1. Ingredientes:

250ml de leche de almendras
2 bananas
30g de mantequilla de maní
5 huevos
2 cucharaditas de miel (10g)
1 cucharadita de extracto de vainilla (5g)

2. Preparación:

Mezcle todos los ingredientes en una licuadora hasta que la mezcla esté suave.

3. Información Nutricional (cantidad por 100g/composición completa):

Contiene Vitamina A, C, hierro, calcio.

Recetas para Construir Músculo para Fisicoculturismo, para Pre y Post Competencia

Calorías: 191	Calorías: 1339
Calorías provenientes de la Grasa: 126	Calorías provenientes de la Grasa: 884
Grasas Totales: 14g	Grasas Totales: 98.2g
Grasas Saturadas: 9.1g	Grasas Saturadas: 63.9g
Colesterol: 117mg	Colesterol: 818mg
Sodio: 70mg	Sodio: 487mg
Potasio: 288mg	Potasio: 2015mg
Carbohidratos Totales: 12.5g	Carbohidratos Totales: 87.6g
Fibra Dietética: 1.9g	Fibra Dietética: 13.5g
Azúcar: 7.7g	Azúcar: 53.9g
Proteínas: 6.2g	Proteínas: 43.6g

14. Batido de Mantequilla de Maní y Chocolate

Tiempo de preparación: 5 minutos

Porciones: 3

1. Ingredientes:

2 cucharadas de cacao en polvo (30g)
30g de mantequilla de maní
250ml de leche de almendras
50g de whey protein

2. Preparación:

Mezcle todos los ingredientes en una licuadora hasta que la mezcla esté suave.

3. Información Nutricional (cantidad por 100g/composición completa):

Contiene Vitamina C, hierro, calcio.

Recetas para Construir Músculo para Fisicoculturismo, para Pre y Post Competencia

Calorías: 326	Calorías: 977
Calorías provenientes de la Grasa: 240	Calorías provenientes de la Grasa: 719
Grasas Totales: 26.6g	Grasas Totales: 79.9g
Grasas Saturadas: 19.7g	Grasas Saturadas: 59.1g
Colesterol: 35mg	Colesterol: 104mg
Sodio: 89mg	Sodio: 267mg
Potasio: 472mg	Potasio: 1415mg
Carbohidratos Totales: 10.6g	Carbohidratos Totales: 31.8g
Fibra Dietética: 3.5g	Fibra Dietética: 10.6g
Azúcar: 4.3g	Azúcar: 13g
Proteínas: 17g	Proteínas: 51g

15. Batido de Chocolate

Tiempo de preparación: 5 minutos

Porciones: 6

1. Ingredientes:

3 cucharadas de cacao en polvo (45g)
250ml de leche
120ml de puré de calabaza
1 cucharadita de extracto de vainilla (5g)
5 huevos

2. Preparación:

Mezcle todos los ingredientes en una licuadora hasta que la mezcla esté suave.

3. Información Nutricional (cantidad por 100g/composición completa):

Contiene Vitamina A, C, hierro, calcio

Recetas para Construir Músculo para Fisicoculturismo, para Pre y Post Competencia

Calorías: 89	Calorías: 534
Calorías provenientes de la Grasa: 44	Calorías provenientes de la Grasa: 267
Grasas Totales: 4.9g	Grasas Totales: 29.6g
Grasas Saturadas: 1.9g	Grasas Saturadas: 11.4g
Colesterol: 140mg	Colesterol: 840mg
Sodio: 73mg	Sodio: 439mg
Potasio: 185mg	Potasio: 1112mg
Carbohidratos Totales: 5.6g	Carbohidratos Totales: 33.8g
Fibra Dietética: 1.4g	Fibra Dietética: 8.4g
Azúcar: 3g	Azúcar: 18.2g
Proteínas: 6.7g	Proteínas: 40.4g

16. Chocolate y Almendras

Tiempo de preparación: 5 minutos
Porciones: 5

1. Ingredientes:

2 cucharadas de pudín de chocolate (30g)
50g de almendras (picadas)
300ml de leche
40g de whey protein
1 cucharadita de sirope de amaretto (5g)

2. Preparación:

Mezcle todos los ingredientes en una licuadora hasta que la mezcla esté suave.

3. Información Nutricional (cantidad por 100g/composición completa):

Contiene Vitamina A, hierro, calcio.

Recetas para Construir Músculo para Fisicoculturismo, para Pre y Post Competencia

Calorías: 131	Calorías: 656
Calorías provenientes de la Grasa: 61	Calorías provenientes de la Grasa: 303
Grasas Totales: 6.8g	Grasas Totales: 33.7g
Grasas Saturadas: 1.4g	Grasas Saturadas: 6.9g
Colesterol: 22mg	Colesterol: 109mg
Sodio: 70mg	Sodio: 351mg
Potasio: 154mg	Potasio: 770mg
Carbohidratos Totales: 9g	Carbohidratos Totales: 45.2g
Fibra Dietética: 1.3g	Fibra Dietética: 6.5g
Azúcar: 3.5g	Azúcar: 17.2g
Proteínas: 9.9g	Proteínas: 49.3g

17. Batido de Caramelo y Avellanas

Tiempo de preparación: 5 minutos

Porciones: 4

1. Ingredientes:

50g de avellanas (picadas)
1 cucharadita de sirope de caramelo (5g)
1 cucharadita de sirope de maple (5g)
250ml de leche de almendras
50g de whey protein

2. Preparación:

Mezcle todos los ingredientes en una licuadora hasta que la mezcla esté suave.

3. Información Nutricional (cantidad por 100g/composición completa):

Contiene Vitamina C, hierro, calcio.

Recetas para Construir Músculo para Fisicoculturismo, para Pre y Post Competencia

Calorías: 307	Calorías: 1228
Calorías provenientes de la Grasa: 211	Calorías provenientes de la Grasa: 844
Grasas Totales: 23.4g	Grasas Totales: 93.8g
Grasas Saturadas: 14.3g	Grasas Saturadas: 57.3g
Colesterol: 26mg	Colesterol: 104mg
Sodio: 37mg	Sodio: 148mg
Potasio: 326mg	Potasio: 1303mg
Carbohidratos Totales:15.5g	Carbohidratos Totales:61.8g
Fibra Dietética: 2.6g	Fibra Dietética: 10.4g
Azúcar: 11g	Azúcar: 44.1g
Proteínas: 12.2g	Proteínas: 49g

18. Batido de Ciruela

Tiempo de preparación: 5 minutos

Porciones: 8

1. Ingredientes:

200g de ciruelas
50g de pasas
200ml de leche
4 huevos
100g de cuajada
70g de avena

2. Preparación:

Mezcle todos los ingredientes en una licuadora hasta que la mezcla esté suave.

3. Información Nutricional (cantidad por 100g/composición completa):

Contiene Vitamina A, C, hierro, calcio.

Recetas para Construir Músculo para Fisicoculturismo, para Pre y Post Competencia

Calorías: 122	Calorías: 975
Calorías provenientes de la Grasa: 43	Calorías provenientes de la Grasa: 340
Grasas Totales: 4.7g	Grasas Totales: 37.8g
Grasas Saturadas: 1.8g	Grasas Saturadas: 14.3g
Colesterol: 87mg	Colesterol: 699mg
Sodio: 62mg	Sodio: 499mg
Potasio: 149mg	Potasio: 1190mg
Carbohidratos Totales: 14.7g	Carbohidratos Totales: 117g
Fibra Dietética: 1.3g	Fibra Dietética: 10.7g
Azúcar: 7.2g	Azúcar: 57.7g
Proteínas: 6.2g	Proteínas: 49.7g

19. Batido Tropical

Tiempo de preparación: 5 minutos

Porciones: 5

1. Ingredientes:

1 banana
150g de piña
40g de mango
200ml de leche de coco
1 cucharadita de miel (5g)
50g de whey protein

2. Preparación:

Mezcle todos los ingredientes en una licuadora hasta que la mezcla esté suave.

3. Información Nutricional (cantidad por 100g/composición completa):

Contiene Vitamina A, C, hierro, calcio.

Recetas para Construir Músculo para Fisicoculturismo, para Pre y Post Competencia

Calorías: 178	Calorías: 889
Calorías provenientes de la Grasa: 94	Calorías provenientes de la Grasa: 468
Grasas Totales: 10.4g	Grasas Totales: 52g
Grasas Saturadas: 8.9g	Grasas Saturadas: 44.6g
Colesterol: 21mg	Colesterol: 104mg
Sodio: 25mg	Sodio: 124mg
Potasio: 294mg	Potasio: 1468mg
Carbohidratos Totales: 15.3g	Carbohidratos Totales: 76.4g
Fibra Dietética: 2.1g	Fibra Dietética: 10.3g
Azúcar: 9.9g	Azúcar: 49.2g
Proteínas: 8.5g	Proteínas: 42.7g

20. Batido de Melocotón

Tiempo de preparación: 5 minutos

Porciones: 8

1. *Ingredientes:*

6 melocotones
300ml de leche
140g de mandarinas
30g de avena
4 huevos

2. *Preparación:*

Mezcle todos los ingredientes en una licuadora hasta que la mezcla esté suave.

3. *Información Nutricional (cantidad por 100g/composición completa):*

Contiene Vitamina A, C, hierro, calcio.

Recetas para Construir Músculo para Fisicoculturismo, para Pre y Post Competencia

Calorías: 70	Calorías: 839
Calorías provenientes de la Grasa: 20	Calorías provenientes de la Grasa: 245
Grasas Totales: 2.3g	Grasas Totales: 27.3g
Grasas Saturadas: 0.3g	Grasas Saturadas: 9.7g
Colesterol: 57mg	Colesterol: 680mg
Sodio: 34mg	Sodio: 405mg
Potasio: 137mg	Potasio: 1639mg
Carbohidratos Totales: 9.5g	Carbohidratos Totales: 115g
Fibra Dietética: 1g	Fibra Dietética: 12.4g
Azúcar: 7.2g	Azúcar: 86.2g
Proteínas: 3.5g	Proteínas: 41.6g

21. Batido de Ciruela y Limón

Tiempo de preparación: 5 minutos
Porciones: 6

1. Ingredientes:

150g de ciruelas
2 limones (jugo)
2 cucharaditas de miel (10g)
200ml de leche
Cubos de hielo
150g de Yogur Griego
4 huevos

2. Preparación:

Mezcle todos los ingredientes en una licuadora hasta que la mezcla esté suave.

3. Información Nutricional (cantidad por 100g/composición completa):

Contiene Vitamina A, C, hierro, calcio.

Recetas para Construir Músculo para Fisicoculturismo, para Pre y Post Competencia

Calorías: 74	Calorías: 589
Calorías provenientes de la Grasa: 29	Calorías provenientes de la Grasa: 228
Grasas Totales: 3.2g	Grasas Totales: 25.3g
Grasas Saturadas: 1.3g	Grasas Saturadas: 10.3g
Colesterol: 85mg	Colesterol: 679mg
Sodio: 50mg	Sodio: 397mg
Potasio: 111mg	Potasio: 890mg
Carbohidratos Totales: 6.4g	Carbohidratos Totales: 51.2g
Fibra Dietética: 0.6g	Fibra Dietética: 4.6g
Azúcar: 5.1g	Azúcar: 40.9g
Proteínas: 5.8g	Proteínas: 45.9g

22. Batido de Piña

Tiempo de preparación: 5 minutos

Porciones: 6

1. Ingredientes:

300g de piña
200ml de leche de almendras
30g de frambuesas
30g de avena
1 lima (jugo)
40g de whey protein

2. Preparación:

Mezcle todos los ingredientes en una licuadora hasta que la mezcla esté suave.

3. Información Nutricional (cantidad por 100g/composición completa):

Contiene Vitamina A, C, hierro, calcio.

Recetas para Construir Músculo para Fisicoculturismo, para Pre y Post Competencia

Calorías: 153	Calorías: 920
Calorías provenientes de la Grasa: 80	Calorías provenientes de la Grasa: 481
Grasas Totales: 8.9g	Grasas Totales: 53.4g
Grasas Saturadas: 7.4g	Grasas Saturadas: 44.5g
Colesterol: 14mg	Colesterol: 83mg
Sodio: 18mg	Sodio: 109mg
Potasio: 218mg	Potasio: 1309mg
Carbohidratos Totales: 14.4g	Carbohidratos Totales: 86.3g
Fibra Dietética: 2.6g	Fibra Dietética: 15.5g
Azúcar: 6.7g	Azúcar: 40.3g
Proteínas: 6.6g	Proteínas: 39.6g

23. Batido de Naranja

Tiempo de preparación: 5 minutos

Porciones: 8

1. Ingredientes:

5 naranjas

10 huevos

2 cucharadas de miel

2. Preparación:

Mezcle todos los ingredientes en una licuadora hasta que la mezcla esté suave.

3. Información Nutricional (cantidad por 100g/composición completa):

Contiene Vitamina A, C, hierro, calcio.

Recetas para Construir Músculo para Fisicoculturismo, para Pre y Post Competencia

Calorías: 85	Calorías: 1189
Calorías provenientes de la Grasa: 29	Calorías provenientes de la Grasa: 404
Grasas Totales: 3.2g	Grasas Totales: 44.8g
Grasas Saturadas:1g	Grasas Saturadas:13.8g
Colesterol: 117mg	Colesterol: 1637mg
Sodio: 44mg	Sodio: 618mg
Potasio: 163mg	Potasio: 2277mg
Carbohidratos Totales:10.4g	Carbohidratos Totales: 146g
Fibra Dietética: 1.6g	Fibra Dietética: 22.2g
Azúcar: 8.8g	Azúcar: 123.9g
Proteínas: 4.6g	Proteínas: 64.1g

24. Batido de Piña Colada

Tiempo de preparación: 5 minutos

Porciones: 8

1. Ingredientes:

200g de piña
200g de leche de coco
50g de avena
300ml de leche
4 huevos

2. Preparación:

Mezcle todos los ingredientes en una licuadora hasta que la mezcla esté suave.

3. Información Nutricional (cantidad por 100g/composición completa):

Contiene Vitamina A, C, hierro, calcio.

Recetas para Construir Músculo para Fisicoculturismo, para Pre y Post Competencia

Calorías: 128	Calorías: 1155
Calorías provenientes de la Grasa: 75	Calorías provenientes de la Grasa: 675
Grasas Totales: 8.3g	Grasas Totales: 75g
Grasas Saturadas: 5.8g	Grasas Saturadas: 52.1g
Colesterol: 76mg	Colesterol: 680mg
Sodio: 48mg	Sodio: 428mg
Potasio: 149mg	Potasio: 1339mg
Carbohidratos Totales: 9.8g	Carbohidratos Totales: 87.8g
Fibra Dietética: 1.1g	Fibra Dietética: 12.2g
Azúcar: 4.7g	Azúcar: 42.2g
Proteínas: 4.9g	Proteínas: 44.5g

25. Batido de Manzana

Tiempo de preparación: 5 minutos

Porciones: 3

1. Ingredientes:

350g de manzana

1 cucharadita de canela

200ml de leche de almendras

2 cucharaditas de extracto de vainilla

40g de whey protein

2. Preparación:

Mezcle todos los ingredientes en una licuadora hasta que la mezcla esté suave.

3. Información Nutricional (cantidad por 100g/composición completa):

Contiene Vitamina C, hierro, calcio.

Recetas para Construir Músculo para Fisicoculturismo, para Pre y Post Competencia

Calorías: 139	Calorías: 833
Calorías provenientes de la Grasa: 77	Calorías provenientes de la Grasa: 463
Grasas Totales: 8.6g	Grasas Totales: 51.4g
Grasas Saturadas: 7.4g	Grasas Saturadas: 44.1g
Colesterol: 14mg	Colesterol: 83mg
Sodio: 18mg	Sodio: 106mg
Potasio: 193mg	Potasio: 1157mg
Carbohidratos Totales: 11.2g	Carbohidratos Totales: 67.3g
Fibra Dietética: 2.3g	Fibra Dietética: 14.2g
Azúcar: 7.6g	Azúcar: 45.5g
Proteínas: 5.7g	Proteínas: 34.3g

26. Batido de Huevo

Tiempo de preparación: 5 minutos
Porciones: 8

1. *Ingredientes:*

10 huevos
300ml de leche
100g de Yogur Griego
2 cucharadas de miel (30g)
50g de avena

2. *Preparación:*

Mezcle todos los ingredientes en una licuadora hasta que la mezcla esté suave.

3. *Información Nutricional (cantidad por 100g/composición completa):*

Contiene Vitamina A, hierro, calcio.

Recetas para Construir Músculo para Fisicoculturismo, para Pre y Post Competencia

Calorías: 131	Calorías: 1176
Calorías provenientes de la Grasa: 55	Calorías provenientes de la Grasa: 498
Grasas Totales: 6.1g	Grasas Totales: 55.3g
Grasas Saturadas: 2.2g	Grasas Saturadas: 19.5g
Colesterol: 185mg	Colesterol: 1667mg
Sodio: 89mg	Sodio: 799mg
Potasio: 123mg	Potasio: 1111mg
Carbohidratos Totales:10.1g	Carbohidratos Totales:91.1g
Fibra Dietética: 0.6g	Fibra Dietética: 5.1g
Azúcar: 6.3g	Azúcar: 56.3g
Proteínas: 9.1g	Proteínas: 82.2g

27. Batido de Calabaza

Tiempo de preparación: 5 minutos
Porciones: 6

1. Ingredientes:

300g de calabaza
300g de frambuesas
50g de crema agria
200ml de leche de almendras
40g de whey protein

2. Preparación:

Mezcle todos los ingredientes en una licuadora hasta que la mezcla esté suave.

3. Información Nutricional (cantidad por 100g/composición completa):

Contiene Vitamina A, C, hierro, calcio.

Recetas para Construir Músculo para Fisicoculturismo, para Pre y Post Competencia

Calorías: 123	Calorías: 986
Calorías provenientes de la Grasa: 72	Calorías provenientes de la Grasa: 576
Grasas Totales: 8g	Grasas Totales: 64g
Grasas Saturadas: 6.4g	Grasas Saturadas: 51.1g
Colesterol: 13mg	Colesterol: 105mg
Sodio: 18mg	Sodio: 146mg
Potasio: 238mg	Potasio: 1903mg
Carbohidratos Totales: 9.8g	Carbohidratos Totales: 78.2g
Fibra Dietética: 4.1g	Fibra Dietética: 32.7g
Azúcar: 3.9g	Azúcar: 31.2g
Proteínas: 5.2g	Proteínas: 41.7g

28. Batido de Remolacha

Tiempo de preparación: 5 minutos

Porciones: 6

1. Ingredientes:

300g de remolachas

50g de perejil

80g de arándanos

200ml de leche

60g de whey protein

2. Preparación:

Mezcle todos los ingredientes en una licuadora hasta que la mezcla esté suave.

3. Información Nutricional (cantidad por 100g/composición completa):

Contiene Vitamina A, C, hierro, calcio.

Recetas para Construir Músculo para Fisicoculturismo, para Pre y Post Competencia

Calorías: 89	Calorías: 531
Calorías provenientes de la Grasa: 14	Calorías provenientes de la Grasa: 81
Grasas Totales: 1.5g	Grasas Totales: 9g
Grasas Saturadas: 0.7g	Grasas Saturadas: 4.5g
Colesterol: 24mg	Colesterol: 142mg
Sodio: 77mg	Sodio: 464mg
Potasio: 285mg	Potasio: 1711mg
Carbohidratos Totales: 10.3g	Carbohidratos Totales: 61.9g
Fibra Dietética: 1.6g	Fibra Dietética: 9.6g
Azúcar: 7.2g	Azúcar: 43.3g
Proteínas: 9.5g	Proteínas: 56.8g

29. Batido de Coco

Tiempo de preparación: 5 minutos

Porciones: 5

1. Ingredientes:

100ml de leche de coco
200ml de leche
100g de Yogur Griego
50g de whey protein
1 cucharadita de extracto de coco
30g hojuelas de coco

2. Preparación:

Mezcle todos los ingredientes en una licuadora hasta que la mezcla esté suave.

3. Información Nutricional (cantidad por 100g/composición completa):

Contiene Vitamina A, C, hierro, calcio.

Recetas para Construir Músculo para Fisicoculturismo, para Pre y Post Competencia

---

Calorías: 145	Calorías: 723
Calorías provenientes de la Grasa: 78	Calorías provenientes de la Grasa: 391
Grasas Totales: 8.7g	Grasas Totales: 43.4g
Grasas Saturadas: 7.2g	Grasas Saturadas: 35.9g
Colesterol: 25mg	Colesterol: 126mg
Sodio: 48mg	Sodio: 241mg
Potasio: 184mg	Potasio: 922mg
Carbohidratos Totales: 6.2g	Carbohidratos Totales: 30.8g
Fibra Dietética: 1g	Fibra Dietética: 4.9g
Azúcar: 4.1g	Azúcar: 20.6g
Proteínas: 11.1g	Proteínas: 55.8g

30. Batido de Mango

Tiempo de preparación: 5 minutos

Porciones: 8

1. Ingredientes:

3 mangos
1 banana
50g de fresas
300ml de leche
1 jugo de lima
6 huevos

2. Preparación:

Mezcle todos los ingredientes en una licuadora hasta que la mezcla esté suave.

3. Información Nutricional (cantidad por 100g/composición completa):

Contiene Vitamina A, C, hierro, calcio.

Recetas para Construir Músculo para Fisicoculturismo, para Pre y Post Competencia

Calorías: 87	Calorías: 874
Calorías provenientes de la Grasa: 31	Calorías provenientes de la Grasa: 306
Grasas Totales: 3.4g	Grasas Totales: 34g
Grasas Saturadas: 1.2g	Grasas Saturadas: 12.3g
Colesterol: 101mg	Colesterol: 1007mg
Sodio: 52mg	Sodio: 524mg
Potasio: 155mg	Potasio: 1549mg
Carbohidratos Totales: 10.3g	Carbohidratos Totales: 103g
Fibra Dietética: 1g	Fibra Dietética: 9.7g
Azúcar: 7.8g	Azúcar: 78.5g
Proteínas: 4.7g	Proteínas: 46.7g

31. Batido de Sandía

Tiempo de preparación: 5 minutos
Porciones: 6

1. Ingredientes:

300g de sandía
200g de melón
200ml de agua
1 cucharadita de extracto de vainilla
50g de crema agria
50g de whey protein

2. Preparación:

Mezcle todos los ingredientes en una licuadora hasta que la mezcla esté suave.

3. Información Nutricional (cantidad por 100g/composición completa):

Contiene Vitamina A, C, hierro, calcio.

Recetas para Construir Músculo para Fisicoculturismo, para Pre y Post Competencia

Calorías: 59	Calorías: 471
Calorías provenientes de la Grasa: 16	Calorías provenientes de la Grasa: 128
Grasas Totales: 1.8g	Grasas Totales: 14.2g
Grasas Saturadas: 1g	Grasas Saturadas: 8.3g
Colesterol: 16mg	Colesterol: 126mg
Sodio: 20mg	Sodio: 158mg
Potasio: 154mg	Potasio: 1230mg
Carbohidratos Totales: 5.9g	Carbohidratos Totales: 47.5g
Fibra Dietética: 0g	Fibra Dietética: 3g
Azúcar: 4.5g	Azúcar: 36.2g
Proteínas: 5.1g	Proteínas: 40.7g

32. Batido de Yogur Griego

Tiempo de preparación: 5 minutos
Porciones: 6

1. Ingredientes:

300g de Yogur Griego
100g de leche de coco
2 cucharadas de miel (30g)
40g de pasas
200ml de leche de almendras

2. Preparación:

Mezcle todos los ingredientes en una licuadora hasta que la mezcla esté suave.

3. Información Nutricional (cantidad por 100g/composición completa):

Contiene Vitamina A, C, hierro, calcio.

Recetas para Construir Músculo para Fisicoculturismo, para Pre y Post Competencia

Calorías: 167	Calorías: 1169
Calorías provenientes de la Grasa: 101	Calorías provenientes de la Grasa: 706
Grasas Totales: 11.2g	Grasas Totales: 78.4g
Grasas Saturadas: 9.8g	Grasas Saturadas: 68.5g
Colesterol: 2mg	Colesterol: 15mg
Sodio: 21mg	Sodio: 149mg
Potasio: 220mg	Potasio: 1541mg
Carbohidratos Totales: 13.6g	Carbohidratos Totales: 95.1g
Fibra Dietética: 1.2g	Fibra Dietética: 8.2g
Azúcar: 11.5g	Azúcar: 80.3g
Proteínas: 5.5g	Proteínas: 38.3g

33. Batido de Café y Banana

Tiempo de preparación: 5 minutos
Porciones: 6

1. Ingredientes:

25g de café en polvo
2 bananas
150ml de leche de almendras
20g de mantequilla de maní
100ml de agua
5 huevos

2. Preparación:

Mezcle todos los ingredientes en una licuadora hasta que la mezcla esté suave.

3. Información Nutricional (cantidad por 100g/composición completa):

Contiene Vitamina A, C, hierro, calcio.

Recetas para Construir Músculo para Fisicoculturismo, para Pre y Post Competencia

Calorías: 142	Calorías: 992
Calorías provenientes de la Grasa: 89	Calorías provenientes de la Grasa: 621
Grasas Totales: 9.9g	Grasas Totales: 69g
Grasas Saturadas: 5.9g	Grasas Saturadas: 41.4g
Colesterol: 117mg	Colesterol: 818mg
Sodio: 61mg	Sodio: 429mg
Potasio: 240mg	Potasio: 1683mg
Carbohidratos Totales: 9.7g	Carbohidratos Totales: 68g
Fibra Dietética: 1.5g	Fibra Dietética: 10.7g
Azúcar: 5.4g	Azúcar: 37.5g
Proteínas: 5.5g	Proteínas: 38.8g

34. Batido de Espinaca

Tiempo de preparación: 5 minutos
Porciones: 7

1. Ingredientes:

200g de espinaca
50g de perejil
70g de frambuesas
200ml de leche
100ml de agua
50g de crema agria
50g de whey protein

2. Preparación:

Mezcle todos los ingredientes en una licuadora hasta que la mezcla esté suave.

3. Información Nutricional (cantidad por 100g/composición completa):

Contiene Vitamina A, C, hierro, calcio.

Recetas para Construir Músculo para Fisicoculturismo, para Pre y Post Competencia

Calorías: 72	Calorías: 504
Calorías provenientes de la Grasa: 25	Calorías provenientes de la Grasa: 174
Grasas Totales: 2.8g	Grasas Totales: 19.3g
Grasas Saturadas: 1.5g	Grasas Saturadas: 10.8g
Colesterol: 20mg	Colesterol: 143mg
Sodio: 58mg	Sodio: 403mg
Potasio: 282mg	Potasio: 1973mg
Carbohidratos Totales: 5.3g	Carbohidratos Totales: 37g
Fibra Dietética: 1.5g	Fibra Dietética: 10.6g
Azúcar: 2.2g	Azúcar: 15.2g
Proteínas: 7.4g	Proteínas: 52.1g

35. Batido de Chía

Tiempo de preparación: 5 minutos
Porciones: 5

1. Ingredientes:

100g de semillas de chía
200ml de leche de almendras
50 de crema agria
50g de perejil
100ml de agua
40g de whey protein

2. Preparación:

Mezcle todos los ingredientes en una licuadora hasta que la mezcla esté suave.

3. Información Nutricional (cantidad por 100g/composición completa):

Contiene Vitamina A, C, hierro, calcio.

Recetas para Construir Músculo para Fisicoculturismo, para Pre y Post Competencia

Calorías: 174	Calorías: 872
Calorías provenientes de la Grasa: 123	Calorías provenientes de la Grasa: 615
Grasas Totales: 13.7g	Grasas Totales: 68.3g
Grasas Saturadas: 10g	Grasas Saturadas: 50.1g
Colesterol: 20mg	Colesterol: 99mg
Sodio: 30mg	Sodio: 152mg
Potasio: 260mg	Potasio: 1300mg
Carbohidratos Totales: 6.2g	Carbohidratos Totales: 31.2g
Fibra Dietética: 3.3g	Fibra Dietética: 16.5g
Azúcar: 1.7g	Azúcar: 8.5g
Proteínas: 8.4g	Proteínas: 42.1g

COMIDAS PARA MÚSCULO PRE-COMPETENCIA PARA FISICOCULTURISMO

1. Huevos cocidos con albahaca picada

Ingredientes:

2 huevos

1 cucharadita de albahaca picada

pimienta

Preparación:

Hierva los huevos por 10 minutos. Pele y corte en pequeños pedazos. Espolvoree con la albahaca picada.

Valores nutricionales por 100 g:

Carbohidratos 1.1g

Azúcar 0g

Proteínas 13g

Grasas Totales (grasas buenas monoinsaturadas) 11g

Sodio 124mg

Potasio 126mg

Calcio 50mg

Hierro 1.2mg

Vitaminas (vitaminas A; B-6; B-12; C)

Calorías 155

2. Solomo de carne con rebanadas de berenjena

Ingredientes:

1 solomo de carne delgado

1 berenjena mediana

1 cucharadita de aceite de oliva

Albahaca picada

Pimienta

Preparación:

Lave y pimente la carne. Ásela en una sartén por aproximadamente 10 minutos por cada lado. Retírela de la sartén. Pele las berenjenas y corte dos rebanadas gruesas. Fríalas por algunos minutos en la misma sartén. Retire del fuego y sirva con la carne. Espolvoree con albahaca picada.

Valores nutricionales:

Carbohidratos 6g

Azúcar 1.2g

Proteínas 35.2 g

Grasas Totales 4.9g

Sodio 57 mg

Potasio 397mg

Calcio 18.5mg

Hierro 1.9mg

Vitaminas (vitaminas A; B-6; B-12; C; D; D2; D3; Vitamina; K)

Calorías 212

3. Ensalada de Tomate y Nueces

Ingredientes:

1 tomate grande

½ taza de nueces picadas

1 cucharadita de jugo de limón

Preparación:

Lave y pique el tomate en trozos pequeños. Agregue las nueces picadas y mezcle bien. Vierta sobre esto el jugo de limón.

Valores nutricionales por 1 taza:

Carbohidratos 8.2g

Azúcar 3.8g

Proteínas 10g

Grasas Totales 4.5g

Sodio 17 mg

Potasio 112mg

Calcio 16.5mg

Hierro 1.3mg

Vitaminas (vitaminas A; B-6; B-12; C; D; D2; D3; K; Riboflavina; Niacina; Tiamina; K)

Calorías 218

4. Acelga cocida con aceite de oliva

Ingredientes:

1 manojo de acelga

1 cucharadita de aceite de oliva

1 cucharadita de cúrcuma

Preparación:

Lave y corte la acelga. Fríala en aceite de oliva por 20 minutos a una baja temperatura, o hasta que esté tierna. Agregue la cúrcuma antes de servir.

Valores nutricionales por una taza:

Carbohidratos 6.9g

Azúcar 2.1g

Proteínas 8.4 g

Grasas Totales 1.9g

Sodio 34.2 mg

Potasio 23.2mg

Calcio 12.4mg

Hierro 0.59mg

Vitaminas (vitamina A; B-6; B-12; C; D; D2; D3; K; Riboflavina; Niacina; Tiamina; K)

Calorías 113

5. Champiñones cocidos con romero

Ingredientes:

1 taza de champiñones

1 cucharadita de aceite de oliva

1 cucharadita de romero picado

Preparación:

Cocine los champiñones en una sartén durante 5-7 minutos. Retírelos de la sartén y rocíelos con aceite de oliva y el romero picado.

Valores nutricionales por una taza:

Carbohidratos 6.2g

Azúcar 1.1g

Proteínas 8.4 g

Grasas Totales (grasas buenas monoinsaturadas) 1.3g

Sodio 48.2 mg

Potasio 23.2mg

Calcio 12.4mg

Hierro 0.59mg

Vitaminas (vitaminas A; B-6; B-12; C; D; D2; D3; K; Riboflavina; Niacina; Tiamina; K)

Calorías 117

6. Ensalada de pulpo con tomates y alcaparras

Ingredientes:

1 taza de pulpo congelado en trozos

¼ taza de alcaparras

½ taza de aceitunas

5 tomates cherry

1 cucharadita de perejil picado

1 cucharadita de apio picado

1 cebolla pequeña

2 dientes de ajo

1 cucharadita de romero picado

1 cucharada de aceite de oliva

1 cucharadita de jugo de limón

Preparación:

Cocine el pulpo en agua con sal hasta que esté tierno. Esto usualmente toma aproximadamente 20-30 minutos. Retire de la olla, lave y escurra. Lave y corte los vegetales y mézclelos con el pulpo. Mezcle las especias y agréguelas a la ensalada. Rocíe con aceite de oliva y jugo de limón. Enfríe bien antes de servir.

Valores nutricionales por una taza:

Carbohidratos 12.9g

Azúcar 5.1g

Proteínas 16.4 g

Grasas Totales (grasas buenas monoinsaturadas) 9.9g

Sodio 114.2 mg

Potasio 83.2mg

Calcio 42.4mg

Hierro 0.59mg

Vitaminas (vitaminas A; B-6; B-12; C; D; D2; D3; K; Riboflavina; Niacina; Tiamina; K)

Calorías 81

7. Calabacines asados con ajo y perejil

Ingredientes:

1 calabacín mediano

1 cucharada de perejil picado

2 dientes de ajo

Preparación:

Pele el calabacín y corte en 4 rebanadas. Fría en una sartén durante 3-4 minutos. Agregue el ajo picado y cocine por 5 minutos más. Espolvoree con perejil antes de servir.

Valores nutricionales:

Carbohidratos 3.71g

Azúcar 3g

Proteínas 2 g

Grasas Totales 0g

Sodio 2.9 mg

Potasio 360mg

Recetas para Construir Músculo para Fisicoculturismo, para Pre y Post Competencia

Calcio 0.2mg

Hierro 0.3mg

Vitaminas (vitaminas A; B-6; B-12; C; D:K)

Calorías 20

8. Batido de frutas mixtas y vegetales

Ingredientes:

1 taza de arándanos, frambuesas, moras y fresas mezcladas

½ taza de espinaca bebé picada

2 tazas de agua

Preparación:

Mezcle los ingredientes en una licuadora por algunos minutos.

Valores nutricionales por 1 taza:

Carbohidratos 9.2g

Azúcar 6.15g

Proteínas 8.75g

Grasas Totales 0.87g

Sodio 54.8mg

Potasio 107.8mg

Calcio 82mg

Hierro 2.03mg

Vitaminas (Vitamina C ácido ascórbico total; B-6; B-12; Ácido Fólico-DFE; A-RAE; A-IU; E-alfa-tocoferol; D; D-D2+D3; K-Filoquinona; Tiamina; Riboflavina; Niacina)

Calorías 42.6

9. Estofado de pescado

Ingredientes:

1 filete de carpa

1 zanahoria

2 pimientos

1 tomate mediano

pimienta

raíces y hojas de apio

Preparación:

Es mejor comprar las zanahorias cocidas, o cocinarlas antes de preparar el estofado de pescado. Lave y corte los vegetales, mezclelos con el apio y pescado y póngalos en una olla. Agregue un poco de agua, sólo hasta cubrirlo. Cocine a baja temperatura durante 20-30 minutos.

Valores nutricionales:

Carbohidratos 8.2g

Azúcar 3.9g

Proteínas 15.2 g

Grasas Totales (grasas buenas monoinsaturadas) 6.6g

Sodio 113.8 mg

Potasio 71mg

Calcio 29.1mg

Hierro 0.32mg

Vitaminas (vitaminas A; B-6; B-12; C; D; D2; D3; K; Riboflavina; Niacina; Tiamina; K)

Calorías 172

10. Tortilla de piña con almendras

Ingredientes:

3 rodajas de piña

2 huevos

½ taza de almendras

1 cucharada de aceite de linaza para freir

Preparación:

Bata los huevos y agregue las almendras. Fría las rodajas de piña durante algunos minutos por ambos lados, sin aceite. Cuando termine, retírelos de la sartén, agregue aceite a la sartén, caliéntelo y agregue la mezcla de huevos. Sirva con las rodajas de piña asadas.

Valores nutricionales por 100g:

Carbohidratos 8.9g

Azúcar 4.6g

Proteínas 19.2 g

Grasas Totales 13.6g

Sodio 134.8 mg

Potasio 131mg

Calcio 67.1mg

Hierro 1.52mg

Vitaminas (vitaminas A; B-12; C; K; Riboflavina; Niacina; K)

Calorías 187

11. Chuleta de Ternera con piña y cúrcuma

Ingredientes:

1 chuleta de ternera mediana

1 cucharada de aceite de oliva

1 cucharadita de cúrcuma

Pimienta

2 rodajas de piña

Preparación:

Lave y seque la carne. Fríala sin aceite, en su propio jugo, durante 15-20 minutos a baja temperatura. Retire del fuego. Prepare una salsa con el aceite de oliva, cúrcuma y pimienta y viértala sobre la carne. Fríala una vez más durante 3-4 minutos, agregue las rodajas de piña y sirva tibio.

Valores nutricionales por 100g:

Carbohidratos 15.7g

Azúcar 9.9g

Proteínas 34g

Grasas Totales (grasas buenas monoinsaturadas) 17.6g

Sodio 99.3 mg

Potasio 328mg

Calcio 49.1mg

Hierro 0.52mg

Vitaminas (vitaminas A; B-6; B-12; C; D; D2; D3; K; Riboflavina; Niacina; Tiamina; K)

Calorías 311

12. Ensalada de frutas

Ingredientes:

1 taza de bayas

½ taza de piña cortada en cubos

½ taza de manzana picada

1 cucharadita de canela

1 cucharadita de sirope de agave

Preparación:

Mezcle las frutas, agregue el sirope de agave y espolvoree con la canela.

Valores nutricionales por una taza:

Carbohidratos 19.2g

Azúcar 12g

Proteínas 15.2 g

Grasas Totales (grasas buenas monoinsaturadas) 4.6g

Sodio 123.8 mg

Potasio 95mg

Calcio 44.1mg

Hierro 0.52mg

Vitaminas (vitaminas A; B-6; B-12; C; D; D2; D3; K; Riboflavina; Niacina; Tiamina; K)

Calorías 77

13. Ensalada de atún con lechuga y curry

Ingredientes:

1 lata pequeña de atún sin aceite

1 manojo de lechuga

2 pimientos

1 cucharadita de curry

1 cucharadita de salsa de limón

Preparación:

Lave y corte la lechuga. Mézclela con el atún, los pimientos picados y la salsa de limón. Espolvoree con el curry.

Valores nutricionales para 1 taza:

Carbohidratos 23.4g

Azúcar 13g

Proteínas 33.2g

Grasas Totales (grasas buenas monoinsaturadas) 12.4g

Sodio 123mg

Potasio 72.3mg

Calcio 42.1mg

Hierro 0.27mg

Vitaminas (vitaminas A; B-6; B-12; C; D; D2; D3; K; Riboflavina; Niacina; Tiamina; K)

Calorías 68

14. Muslo de pavo con nuez moscada y algarrobo

Ingredientes:

1 muslo de pavo

½ taza de agua

½ taza de nuez moscada

½ taza de algarrobo

Preparación:

Lave y limpie la carne. Fríala durante aproximadamente 15 minutos en su propio jugo (agregue un poco de agua mientras fríe el pavo). Corte finamente la nuez moscada y el algarrobo y agregue a la sartén. Mezcle bien con la salsa del pavo. Retire de la sartén y espolvoree con un poco más de algarrobo.

Valores nutricionales por una taza:

Carbohidratos 3.2g

Azúcar 0.9g

Proteínas 31g

Grasas Totales (grasas buenas monoinsaturadas) 10.4g

Sodio 998mg

Potasio 78.2mg

Calcio 48mg

Hierro 0.37mg

Vitaminas (vitaminas A; B-6; B-12; C; D; D2; D3; K; Riboflavina; Niacina; Tiamina; K)

Calorías 210

15. Rebanadas de berenjena asadas con hinojo picado

Ingredientes:

1 berenjena grande

½ taza de hinojo picado

1 cucharada de aceite de oliva

1 cucharadita de perejil picado

Preparación:

Pele la berenjena y córtela en 3 rebanadas. Cocinela en una sartén sin aceite. Cuando termine, rocíe aceite de oliva encima de la berenjena, espolvoree con el hinojo y perejil.

(Estas rebanadas de berenjena son grandiosas frías, así que puede dejarlas en el refrigerador por una noche)

Valores nutricionales por rebanada:

Carbohidratos 8.9g

Azúcar 3g

Proteínas 7g

Grasas Totales (grasas buenas monoinsaturadas) 2.4g

Sodio 54mg

Potasio 32.5mg

Calcio 12.4mg

Hierro 0.37mg

Vitaminas (vitaminas A; B-6; B-12; C; D; D2; D3; K; Riboflavina; Niacina; Tiamina; K)

Calorías 54

16. Tortilla de espinacas

Ingredientes:

1 taza de espinaca picada

2 huevos

1 cucharadas de aceite de oliva para freir

Preparación:

Cocine la espinaca en agua con sal hasta que esté tierna. Retire de la olla y escurra. Fríala en aceite de oliva por 5-6 minutos y agregue los huevos. Mezcle bien y sirva caliente.

Valores Nutricionales por 100g:

Carbohidratos 1.9g

Azúcar 0.6g

Proteínas 19.2 g

Grasas Totales 13.6g

Sodio 144mg

Potasio 133mg

Calcio 71mg

Hierro 1.8mg

Vitaminas (vitaminas A; B-12; C; K; Riboflavina; Niacina; K)

Calorías 177

17. Cazuela de Berenjenas

Ingredientes:

2 berenjenas grandes

1 taza de carne picada

1 cebolla mediana

1 cucharadita de aceite de oliva

Pimienta

2 tomates medianos

1 cucharadita de perejil picado

Preparación:

Pele las berenjenas y córtelas a lo largo en láminas delgadas. Colóquelas en un bol, y déjelas reposar por al menos una hora. Sumérgalas en huevos batidos. Fríalas en aceite caliente. Corte la cebolla, fríala, agregue los pimientos rebanados, el tomate cortado en cubos, y el perejil finamente picado. Fría durante algunos minutos y luego agregue la carne. Cuando la carne esté tierna, retire del fuego, enfríe, agregue 1 huevo y sazone con pimienta. Coloque la berenjena frita y la carne con los vegetales en un envase refractario formando capas hasta que haya usado todo el material. Hornee durante 30 minutos a 300 grados.

Valores nutricionales por 100g:

Carbohidratos 7.9g

Azúcar 3.4g

Proteínas 10.2 g

Grasa Total 13.6g

Sodio 164mg

Potasio 302mg

Calcio 21.1mg

Hierro 1.32mg

Vitaminas (vitaminas A; B-12; C; K; Riboflavina; Niacina; K)

Calorías 109

18. Puerro con cubos de pollo

Ingredientes:

2 tazas de puerros cortados

1 taza de filetes de pollo cortado en cubos

aceite de oliva

hojas de tomillo para decorar

sal al gusto

Preparación:

Corte los puerros en pequeñas piezas y lávelos con agua fría, el día previo a su preparación. Reservelos en una bolsa de plástico por una noche.

Caliente el aceite en una sartén grande. Agregue los cubos de pollo y fría durante aproximadamente 15 minutos a una temperatura media. Agregue los puerros, mezcle bien y fría durante 10 minutos más a una baja temperatura. Retire de la sartén y deje enfriar. Decore con las hojas de tomillo.

Valores nutricionales por 1 taza:

Carbohidratos 7g

Azúcar 1.6g

Proteínas 18.1 g

Grasas Totales 13.6g

Sodio 124.1 mg

Potasio 120mg

Calcio 69.3mg

Hierro 1.42mg

Vitaminas (vitaminas A; B-6; B-12; C; D; D2; D3; K; Riboflavina; Niacina; Tiamina; K)

Calorías 187

19. Champiñones cocidos con vegetales

Ingredientes:

2 tazas de champiñones

1 taza de pavo seco en cubos

2 zanahorias grandes

½ taza de repollo picado

1 cucharadita de jengibre

1 cucharada de aceite de oliva

1 cucharadita de perejil picado

Preparación:

Cocine los vegetales en agua hasta que estén tiernos. Retire de la olla y escurra. Deje enfriar por un rato. Mezcle el aceite de oliva, jengibre y perejil, agregue un poco de agua y cocine por algunos minutos, a fuego medio. Vierta encima de los vegetales, agregue el pavo seco y mezcle bien. Deje enfriar en el refrigerador durante aproximadamente 30 minutos antes de servir.

Valores nutricionales por 1 taza:

Carbohidratos 18.6g

Azúcar 11.3g

Proteínas 21.9g

Grasas Totales 14.2g

Sodio 153.3 mg

Potasio 89.8mg

Calcio 49.9mg

Hierro 0.42mg

Vitaminas (vitaminas A; B-6; B-12; C; D; D2; D3; K; Riboflavina; Niacina; Tiamina; K)

Calorías 79

20. Alas de pollo con salsa de cúrcuma

Ingredientes:

2 alas de pollo

1 cucharadita de cúrcuma

1 cucharada de aceite de oliva

½ cucharadita de romero deshidratado

¼ cucharadita de pimienta roja

Preparación:

Fría las alas de pollo en una sartén durante 10-15 minutos. 3-4 minutos antes de que el pollo esté listo, agregue el aceite de oliva, la cúrcuma, el romero, la pimienta y un poco de agua. Mezcle bien la salsa y sumerja el pollo en ella.

Valores nutricionales por 100g:

Carbohidratos 18.6g

Azúcar 0.9g

Proteínas 28g

Grasas Totales 22.7g

Sodio 431.3 mg

Potasio 189mg

Calcio 2.9mg

Hierro 2.42mg

Vitaminas (vitaminas A; B-6; B-12; C; D; D2; D3; K; Riboflavina; Niacina; Tiamina; K)

Calorías 318

21. Ensalada de tomate y atún

Ingredientes:

2 tomates grandes

2 cebollas medianas

3 latas de atún

1 cucharada de aceite de oliva

1 cucharadita de jugo de limón

albahaca

sal al gusto

Preparación:

Lave y pele los vegetales. Córtelos en pequeños cubos. Agregue el aceite de oliva, jugo de limón y la albahaca. Mezcle bien.

Valores nutricionales por una taza:

Carbohidratos 17.9g

Azúcar 9.1g

Proteínas 28.3 g

Grasa Total (grasas buenas monoinsaturadas) 15.8g

Sodio 127mg

Potasio 89.6mg

Calcio 42.1mg

Hierro 0.38mg

Vitaminas (vitaminas A; B-6; B-12; C; D; D2; D3; K; Riboflavina; Niacina; Tiamina; K)

Calorías 99

22. Bistec de ternera con salsa de pimienta roja

Ingredientes:

1 bistec de ternera mediano

1 pimentón rojo grande

1 cucharadita de pimienta roja

1 cucharada de aceite de oliva

romero picado

Preparación:

Lave y corte el pimentón en pequeñas piezas. Colóquelo en una sartén grande, agregue el aceite de oliva y romero. Cocine durante 15 minutos a fuego lento. Agregue la pimienta roja y cocine por unos pocos minutos más. Lave y seque el bistec. Fríalo en una sartén hasta que esté tierno. Agregue la salsa y retire de la sartén.

Valores nutricionales por 100g:

Carbohidratos 4.5g

Azúcar 2.1g

Proteínas 26 g

Grasas Totales 9.8g

Sodio 87 mg

Potasio 339mg

Calcio 2.1mg

Hierro 0.16mg

Vitaminas (vitaminas A; B-6; B-12; C; D; D2; D3; K)

Calorías 203

23. Tortilla de champiñones

Ingredientes:

1 taza de champiñones,

2 huevos

1 cucharada de aceite de oliva

Preparación:

Fría los champiñones en aceite de oliva a una temperatura baja. Deje que la salsa de los champiñones se evapore. Agregue los huevos y mezcle bien.

Valores nutricionales por 100g:

Carbohidratos 4.1g

Azúcar 0g

Proteínas 18g

Grasas Totales (grasas buenas monoinsaturadas) 11g

Sodio 126mg

Potasio 124mg

Calcio 14.9mg

Hierro 1.8mg

Vitaminas (vitaminas A; B-6; B-12; C)

Calorías 174

24. Filete de pavo con nueces y sirope de maple

Ingredientes:

3 filetes de pavo

½ taza de nueces

1 cucharadita de sirope de maple

¼ taza de agua

1 cucharada de aceite de oliva

sal al gusto

Preparación:

Fría los filetes en una sartén a una baja temperatura durante aproximadamente 15 minutos, o hasta que estén tiernos. Retire del fuego y agregue el agua, sirope de maple y las nueces. Mezcle bien y fría durante 5-6 minutos más, hasta que el agua se evapore. Deje enfriar por un rato.

Valores nutricionales por 100 g:

Carbohidratos 10.1g

Azúcar 7.3g

Proteínas 24.2g

Grasas Totales 8.7g

Sodio 1025mg

Potasio 126mg

Calcio 50mg

Hierro 1.2mg

Vitaminas (vitaminas A; B-6; C)

Calorías 148

25. Ensalada de tomates cherry, berenjena y albahaca asados

Ingredientes:

1 berenjena pequeña

5 claras de huevo

1 taza de tomates cherry

1 cucharadita de albahaca fresca picada

1 cucharada de aceite de oliva

pimienta blanca al gusto

1 cucharadita de jugo de limón

Preparación:

Corte la berenjena en piezas gruesas, en forma de dado. Agregue sal a los cubos de berenjena, el aceite, las claras de huevo y colóquelos en una bandeja para hornear. Si lo desea, agregue un poco más de aceite de oliva (opcional). Hornee durante aproximadamente 10 minutos en horno precalentado a 350 grados. Lave los tomates cherry y fríalos durante 15 minutos aproximadamente a baja temperatura, usando una sartén pequeña. La intención es obtener una salsa de tomate ligeramente caramelizada. Retire del fuego y deje enfriar por un rato. Remueva lentamente la salsa de limón, aceite de oliva y la albahaca fresca. Vierta sobre la berenjena y sirva frío. Este es un grandioso acompañante para una parrilla o pescado asado. Puede mantenerlo en el refrigerador hasta una semana.

Valores nutricionales por rebanada:

Carbohidratos 10.4g

Azúcar 3g

Proteínas 19g

Grasas totales (grasas buenas monoinsaturadas) 4.9g

Sodio 52mg

Potasio 38.3mg

Calcio 12.9mg

Hierro 0.32mg

Vitaminas (vitaminas A; B-6; B-12; C; D; D2; D3; K; Riboflavina; Niacina; Tiamina; K)

Calorías 87

26. Tortilla con nuez moscada

Ingredientes:

3 huevos

2 cucharada de aceite de oliva

1 cucharadita de nuez moscada

1/5 cucharadita de pimienta

Preparación:

Bata los huevos y agregue la nuez moscada y pimienta. Mezcle bien y fría en aceite de oliva por pocos minutos. Sirva tibio. Puede agregar un poco de sal al gusto.

Valores nutricionales por 100g:

Carbohidratos 0.9g

Azúcar 0.45g

Proteínas 12g

Grasas totales 12.4g

Sodio 156mg

Potasio 117.5mg

Calcio 4.4mg

Hierro 7.37mg

Vitaminas (vitaminas A; B-6; D; D2; D3)

Calorías 156

27. Camarones en salsa de tomate

Ingredientes:

2 tazas de camarones congelados

1 tomate grande

1 cucharadita de albahaca deshidratada

2 dientes de ajo

3 cucharadas de aceite de oliva

sal al gusto

Preparación:

Ase los camarones congelados en una sartén sin aceite. Lave y corte el tomate en pequeñas piezas, agregue la albahaca picada, el ajo picado y el aceite de oliva. Cocine durante 5-6 minutos (agregue un poco de agua si lo considera necesario). Vierta la salsa encima de los camarones asados. Sirva con lechuga.

Valores nutricionales por 100g:

Carbohidratos 7.9g

Azúcar 4.2g

Proteínas 28g

Grasas totales (grasas buenas monoinsaturadas) 1.32g

Sodio 131mg

Potasio 269.5mg

Calcio 8.7mg

Hierro 4.37mg

Vitaminas (vitaminas A; B-6; B-12; C; D; D2; D3; K; Riboflavina; Niacina; Tiamina; K)

Calorías 164

28. Ensalada de lechuga

Ingredientes:

1 manojo de lechuga

1 cucharada de aceite de oliva

1 cucharadita de jugo de limón

Preparación:

Lave y corte la lechuga, agregue el aceite de oliva y el jugo de limón. Es preferible preparar esta ensalada justo antes de servir la comida. No la deje preparada durante mucho tiempo.

Valores nutricionales por 1 taza:

Carbohidratos 1.2g

Azúcar 0.3g

Proteínas 1.7g

Grasas totales (grasas buenas monoinsaturadas) 1.4g

Sodio 19mg

Potasio 132mg

Calcio 1.4mg

Hierro 2.3mg

Vitaminas (vitaminas A; B-6; B-12; C;K)

Calorías 25

29. Ensalada de cilantro

Ingredientes:

1 taza de cilantro picado

1 huevo hervido

2 tazas de tomates cherry

1 cucharadita de cúrcuma

2 cucharadas de aceite de oliva

1 cucharadita de salsa de limón

sal al gusto

Preparación:

Lave y corte los tomates cherry y mezcle con el cilantro. Agregue la cúrcuma, el aceite de oliva y la salsa de limón.

Valores nutricionales por una taza:

Carbohidratos 14.2g

Azúcar 8.9g

Proteínas 10g

Grasas totales (grasas buenas monoinsaturadas) 9.6g

Sodio 122.2 mg

Potasio 81mg

Calcio 45.5mg

Hierro 0.37mg

Vitaminas (vitaminas A; B-6; B-12; C; D; D2; D3; K; Riboflavina; Niacina; Tiamina; K)

Calorías 55

30. Huevos fritos con menta picada

Ingredientes:

3 huevos

1 cucharada de aceite de oliva

1 cucharada de menta picada

1 taza de tomates cherry

1 cebolla pequeña

pimienta al gusto

sal al gusto

Preparación:

Corte los vegetales en pequeñas piezas y fríalos en una sartén grande a baja temperatura durante 15 minutos aproximadamente. Espere que el agua se evapore. Bata los huevos y agregue la menta picada. Mezcle con los vegetales, agregue el aceite de oliva y fría por algunos minutos. Antes de servir agregue algo de sal y pimienta al gusto.

Valores nutricionales por 100 g:

Carbohidratos 8.1g

Azúcar 4g

Proteínas 28g

Grasas totales (grasas buenas monoinsaturadas) 11.9g

Sodio 176mg

Potasio 174mg

Calcio 17.9mg

Hierro 1.5mg

Vitaminas (vitaminas A; B-6; B-12; C; D; D2; D3; K; Riboflavina; Niacina; Tiamina; K)

Calorías 194

31. Chuleta de ternera con clavos picados

Ingredientes:

2 chuletas de ternera grandes

1 taza de clavos picados

4 cucharadas de aceite de oliva

1 cucharada de perejil deshidratado

1 cucharadita de romero

1 cucharadita de pimienta roja

1 cucharada de jugo de limón

Preparación:

Mezcle bien los clavos, el aceite de oliva, perejil y romero para obtener una rica salsa. Lave la carne y colóquela en una bandeja para hornear pequeña. Agregue la salsa y hornee durante 15-20 minutos a 300 grados. Retire del horno, rocíe con la pimienta y el jugo de limón. Decore con algunas hojas de perejil. Deje enfriar por aproximadamente 10 minutos.

Valores nutricionales por 100g:

Carbohidratos 8.2g

Azúcar 4.9g

Proteínas 22g

Grasas totales 9.6g

Sodio 97.2 mg

Potasio 381mg

Calcio 4.5mg

Hierro 5.3mg

Vitaminas (vitaminas A; B-6; B-12; C; D; D2; D3; K; Riboflavina; Niacina; Tiamina; K)

Calorías 216

32. Sopa de tomate

Ingredientes:

1 taza de salsa de tomate

2 claras de huevo

2 tazas de agua

2 dientes de ajo

2 cucharadas de aceite de oliva

1 cucharadita de mejorana deshidratada

perejil picado

Preparación:

Fría el ajo finamente picado en aceite. Vierta la salsa de tomate mezclada con agua. Agregue el perejil y deje hervir. Sirva con la mejorana.

Valores nutricionales por 150ml:

Carbohidratos 6.8g

Azúcar 3.9g

Proteínas 7g

Grasas totales (grasas buenas monoinsaturadas) 0.6g

Sodio 190.2 mg

Potasio 112mg

Calcio 0.5mg

Hierro 2.3mg

Vitaminas (vitamin A; C)

Calorías 30

33. Calabacín asado con albahaca y menta picada

Ingredientes:

1 calabacín grande

¼ taza de albahaca picada

¼ taza de menta picada

1 cucharada of aceite de oliva

¼ vaso de agua,

pimienta al gusto

Preparación:

Cocine las especias en agua y pimienta durante 2-3 minutos. Pele y corte el calabacín en tres rebanadas. Áselo en una sartén con el aceite de oliva. Agregue la menta y albahaca. Fría hasta que el agua se evapore. Puede agregas un poco de jugo de limón antes de servir, pero esto es opcional.

Valores nutricionales por 1 rebanada:

Carbohidratos 3.8g

Azúcar 2g

Recetas para Construir Músculo para Fisicoculturismo, para Pre y Post Competencia

Proteínas 2.9 g

Grasas totales 0.9g

Sodio 2.76 mg

Potasio 343mg

Calcio 0.27mg

Hierro 0.3mg

Vitaminas (vitaminas A; B-6; B-12; C; D:K)

Calorías 23

34. Sopa de ternera picada con vegetales

Ingredientes:

1 bistec de ternera grueso

2 zanahorias grandes

½ taza de perejil picado

1 tomate grande

¼ cucharadita de pimienta

1 cebolla pequeña

Preparación:

Lave la carte y colóquela en una olla. Vierta agua y cocínela hasta que esté tierna. Mientras tanto, lave y corte los vegetales en pequeños cubos. Cuando la carne esté cocida, retirela de la olla y córtela en pequeños cubos. Mezcle con los vegetales, introdúzcalos en el agua nuevamente y cocine hasta que las zanahorias estén tiernas. Sazone y sirva.

Valores nutricionales por 1 taza:

Carbohidratos 3g

Recetas para Construir Músculo para Fisicoculturismo, para Pre y Post Competencia

Azúcar 2.1g

Proteínas 22 g

Grasas totales 5.7g

Sodio 71 mg

Potasio 148mg

Calcio 2.2mg

Hierro 4.3mg

Vitaminas (vitaminas A; B-6; B-12; C; D; D2; D3; K; Riboflavina; Niacina; Tiamina; K)

Calorías 112

35. Filete de cordero con salsa de avellanas

Ingredientes:

1 filete de cordero mediano

½ taza de avellanas

1 cucharadita de curry

1 cucharada de aceite de oliva

pimienta al gusto

Preparación:

Lave el filete y cocínelo en agua durante 15-20 minutos. Retirelo de la olla y deje escurrir, conservando el caldo. Prepare una salsa con el aceite de oliva, curry, las avellanas y la pimienta. Vierta la salsa encima del filete, agregue algo del caldo y hornee a 300 grados durante 15-20 minutos.

Valores nutricionales por 100g:

Carbohidratos 4.7g

Azúcar 4.1g

Proteínas 29 g

Grasas totales 11.8g

Sodio 137 mg

Potasio 239mg

Calcio 2.9mg

Hierro 2.16mg

Vitaminas (vitaminas A; B-6; B-12; C; D; D2; D3; K; Riboflavina; Niacina; Tiamina; K)

Calorías 213

BATIDOS POST-COMPETENCIA PARA FISICOCULTURISMO

1. Batido de Proteína de Tomate:

Ingredientes:

1 vaso de leche desnatada

¼ cucharadita de canela

1 tomate pequeño

1 zanahoria rallada

1 cucharadita de azúcar negra

Preparación:

Lavar y cortar el tomate en pequeños cubos. Pelar y rallar la zanahoria. Querrá cortar la zanahoria en tiras finas. Mezclar los ingredientes en una licuadora y mantener en la nevera.

Valores nutricionales para 1 vaso:

Carbohidratos 10.9g

Azúcar 7.85g

Proteína 4.38g

Grasas totales 2.31g

Sodio 84mg

Potasio 423mg

Calcio 283.7mg

Hierro 0.832mg

Vitaminas (Ácido ascórbico total de vitamina C; B-6; B-12; Folato-DFE; A-RAE; A-IU; E-tocoferol alfa; D; D-D2+D3; Tiamina; Niacina)

Calorías 80

2. Batido de Proteína Vegetal

Ingredientes:

1 taza de brócoli cortado

medio atado de espinaca fresca

½ taza de yogurt bajo en grasas

1 cucharadita de miel

pocas hojas de menta

¼ taza de agua

Preparación:

Lavar los vegetales y poner en una licuadora. Agregar algunos cubos de hielo y licuar hasta obtener una mezcla homogénea.

Valores nutricionales para 1 vaso:

Carbohidratos 12.32g

Azúcar 7.16g

Proteína 4.95g

Grasas totales 2.78g

Sodio 79mg

Potasio 243.6mg

Calcio 117mg

Hierro 2.65mg

Vitaminas (Ácido ascórbico total de vitamina C; B-6; B-12; Folato-DFE; A-RAE; A-IU; E-tocoferol alfa; D; D-D2+D3; K-filoquinona; Tiamina; Riboflavina; Niacina)

Calorías 81.3

3. Batido Proteico de frutas y vegetales mezclados

Ingredientes:

1 taza mixta de arándanos, frambuesas, moras y fresas.

½ taza de espinaca cortada

2 claras de huevo

½ taza de yogurt bajo en grasas

1.5 vaso de agua

Preparación:

Lavar la espinaca y poner en una licuadora. Mezclar 2 claras de huevo con el yogurt bajo en grasa, agregar agua y poner en la licuadora. Por último, agregar las frutas y mezclar por unos minutos.

Valores nutricionales para 1 vaso:

Carbohidratos 11.27g

Azúcar 8.11g

Proteína 5.85g

Grasas totales 2.94g

Sodio 85mg

Potasio 259.6mg

Calcio 113mg

Hierro 2.03mg

Vitaminas (Ácido ascórbico total de vitamina C; B-6; B-12; Folato-DFE; A-RAE; A-IU; E-tocoferol alfa; D; D-D2+D3; K-filoquinona; Tiamina; Riboflavina; Niacina)

Calorías 72.6

4. Batido proteico de Melón

Ingredientes:

¼ taza de fresas frescas

¼ de banana

1 rodaja de melón

½ cucharadita de canela

¼ taza de nueces cortadas

1 cucharadita de azúcar negra

Preparación:

Mezclar los ingredientes en una licuadora y espolvorear con canela. Dejar en la nevera y servir frío.

Valores nutricionales para 1 vaso:

Carbohidratos 13.24g

Azúcar 9.19g

Proteína 7.92g

Grasas totales 3.54g

Sodio 91mg

Potasio 273.6mg

Calcio 119mg

Hierro 2.09mg

Vitaminas (Ácido ascórbico total de vitamina C; B-6; B-12; Folato-DFE; A-RAE; A-IU; E-tocoferol alfa; D; D-D2+D3; K-filoquinona; Tiamina; Riboflavina; Niacina)

Calorías 78

5. Batido proteico de frutillas:

Ingredientes:

1 taza de fresas

½ taza de leche desnatada

1 cucharadita de jarabe de agave

Preparación:

Mezclar los ingredientes en una licuadora por unos minutos. Dejar en la nevera por unos minutos y servir frío. Puede agregar algunos cubos de hielo.

Valores nutricionales para 1 vaso:

Carbohidratos 8.19g

Azúcar 4.05g

Proteína 4.97g

Grasas totales 2.64g

Sodio 62mg

Potasio 197.9mg

Calcio 111mg

Hierro 1.23mg

Vitaminas (Vitamin C; B-6; B-12; E-tocoferol alfa; D; D-D2+D3; K-filoquinona; Tiamina; Riboflavina; Niacina)

Calorías 54

6. Batido proteico de Vainilla

Ingredientes:

1 vaso de leche desnatada

½ vaso de agua

1 cucharadita de extracto de vainilla

1 cucharadita de vainilla picada

¼ cucharadita de canela

2 cucharadita de azúcar negra

Preparación:

Mezclar la miel con el agua, y hervir a baja temperatura. Agregar la vainilla picada y el extracto. Revolver bien y dejar hervir por un minuto. Remover del fuego y dejar enfriar. Mezclar con el resto de los ingredientes en una licuadora. Servir frío.

Valores nutricionales para 1 vaso:

Carbohidratos 10.12g

Azúcar 6.05g

Proteína 4.66g

Grasas totales 1.65g

Sodio 79mg

Potasio 203.4mg

Calcio 92mg

Hierro 1.98mg

Vitaminas (Ácido ascórbico total de vitamina C; B-6; B-12; Folato-DFE; A-RAE; A-IU; D; D-D2+D3; K-filoquinona; Tiamina; Riboflavina; Niacina)

Calorías 79

7. Batido proteico de brócoli

Ingredientes:

1 taza de brócoli cocido

1 vaso de agua

1 taza de fresas de Goji

1 cucharadita de azúcar negra

Preparación:

Mezclar los ingredientes en una licuadora por algunos minutos. Servir esta bebida saludable fría.

Valores nutricionales para 1 vaso:

Carbohidratos 9.31g

Azúcar 5.19g

Proteína 4.83g

Grasas totales 1.67g

Sodio 78mg

Potasio 201mg

Calcio 86mg

Hierro 1.13mg

Vitaminas (Ácido ascórbico total de vitamina C; B-6; B-12; A-RAE; A-IU; D; D-D2+D3; K-filoquinona; Tiamina; Riboflavina; Niacina)

Calorías 68.3

8. Batido proteico de café

Ingredientes:

1 taza de café frío sin azúcar

½ taza de leche desnatada

2 cucharadita de extracto de vainilla

2 cucharadita de azúcar negra

1 cucharada de yogurt griego

Canela (opcional)

Preparación:

Combinar todos los ingredientes en la licuadora. Mezclar bien por 30 segundos. Servir frío. Puede agregar canela por encima, pero es opcional. Dejar este batido proteico en la nevera, o puede incluso congelarlo para usar luego.

Valores nutricionales para 1 vaso:

Carbohidratos 8.54g

Azúcar 5.73g

Proteína 8.78g

Grasas totales 2.04g

Sodio 69mg

Potasio 227mg

Calcio 117mg

Hierro 2.79mg

Vitaminas (Ácido ascórbico total de vitamina C; B-6; B-12; Folato-DFE; A-RAE; A-IU; D; D-D2+D3; K-filoquinona; Tiamina; Riboflavina; Niacina)

Calorías 71.3

9. Batido proteico de manzana y naranja

Ingredientes:

1 manzana pequeña

1 naranja pequeña

½ vaso de agua

1 cucharadita de azúcar negra

1 cucharadita de miel

1 cucharadita de almendras cortadas

Preparación:

Poner todos los ingredientes en la licuadora por unos minutos. Servir frío.

Valores nutricionales para 1 vaso:

Carbohidratos 12.31g

Azúcar 8.73g

Proteína 6.98g

Grasas totales 3.09g

Sodio 81mg

Potasio 265.9mg

Calcio 109mg

Hierro 1.54mg

Vitaminas (Ácido ascórbico total de vitamina C; B-6; B-12; Folato-DFE; A-RAE; A-IU; E-tocoferol alfa; D; D-D2+D3; K-filoquinona; Tiamina; Riboflavina; Niacina)

Calorías 73.1

10. Batido de frutas

Ingredientes:

1 taza de arándanos

1 banana

½ cucharadita de canela

½ vaso de leche desnatada

1 cucharada de jarabe de agave

Preparación:

Pelar la banana y cortar en piezas pequeñas. Combinar el jarabe de agave con la leche desnatada y hervir. Dejar enfriar. Mezclar los ingredientes en una licuadora por 30 segundos. Espolvorear con canela y servir frío.

Valores nutricionales para one vaso:

Carbohidratos 11.12g

Azúcar 9.34g

Proteína 6.52g

Grasas totales 3.21g

Sodio 93mg

Potasio 208.31mg

Calcio 113mg

Hierro 3.21mg

Vitaminas (Ácido ascórbico total de vitamina C; B-6; B-12; Folato-DFE; A-RAE; A-IU; E-tocoferol alfa; D; D-D2+D3; K-filoquinona; Tiamina; Riboflavina; Niacina)

Calorías 79.9

11. Batido proteico de harina de avena

Ingredientes:

½ tazas de harina de avena

1 taza de leche desnatada

¼ taza de agua

1 cucharadita de extracto de vainilla

½ banana

Preparación:

Esta receta solo lleva unos minutos de preparación y es muy sabrosa. Todo lo que querrá hacer es combinar los ingredientes en una licuadora y mezclar hasta obtener una mezcla homogénear. Dejar en la nevera por 30 minutos. Puede espolvorear canela sobre el batido.

Valores nutricionales para 1 vaso:

Carbohidratos 13.32g

Azúcar 7.17g

Proteína 6.91g

Grasas totales 3.99g

Sodio 92mg

Potasio 263.2mg

Calcio 119mg

Hierro 2.92mg

Vitaminas (Ácido ascórbico total de vitamina C; B-6; B-12; Folato-DFE; A-RAE; A-IU; D; D-D2+D3; K-filoquinona; Tiamina; Riboflavina)

Calorías 89

12. Batido proteico de menta

Ingredientes:

2 tazas de leche desnatada

1 cucharaditade polvo de cacao

1 cucharadita de almendras ralladas

1 cucharada de crema libre de grasa

½ cucharadita de extracto de menta

Preparación:

Hervir la leche a baja temperatura. Agregar el extracto de menta y el polvo de cacao. Revolver bien por 2-3 minutos. Remover del fuego y dejar enfriar por 30 minutos. Mezclar con las almendras y la crema, y poner en una licuadora por 30 segundos.

Valores nutricionales para 1 vaso:

Carbohidratos 10.32g

Azúcar 7.34g

Proteína 6.81g

Grasas totales 3.08g

Sodio 85.9mg

Potasio 243.3mg

Calcio 121mg

Hierro 1.09mg

Vitaminas (Ácido ascórbico total de vitamina C; B-6; B-12; Folato-DFE; A-RAE; A-IU; E-tocoferol alfa; D; D-D2+D3; K-filoquinona; Tiamina; Riboflavina; Niacina)

Calorías 68.2

13. Flaxseed oil Batido proteico

Ingredientes:

½ taza de agua

½ taza de leche desnatada

1 cucharada de nueces ralladas

1 cucharada de fresas de Goji

1 cucharada de aceite de linaza

1 cucharadita de extracto de vainilla

1 cucharada de azúcar negra

Preparación:

Mezclar los ingredientes en una licuadora por 40 segundos, o hasta lograr una mezcla homogénea. Dejar en la nevera y servir frío.

Valores nutricionales para 1 vaso:

Carbohidratos 14.31g

Azúcar 9.19g

Proteína 7.81g

Grasas totales 3.09g

Sodio 83mg

Potasio 279.9mg

Calcio 129mg

Hierro 3.09mg

Vitaminas (Ácido ascórbico total de vitamina C; B-6; B-12; Folato-DFE; A-RAE; A-IU; E-tocoferol alfa; D; D-D2+D3; K-filoquinona; Tiamina; Riboflavina; Niacina)

Calorías 113

14. Batido proteico de canela

Ingredientes:

1 vaso de leche desnatada

1 cucharadita de polvo de cacao

1 cucharada de pasas de uva

1 cucharada de semillas de calabaza

¼ cucharadita de canela

Preparación:

Mezclar en una licuadora hasta obtener una mezcla homogénea. Servir con cubos de hielo. Puede espolvorear canela sobre el batido antes de servir.

Valores nutricionales para 1 vaso:

Carbohidratos 12.9g

Azúcar 9.27g

Proteína 7.75g

Grasas totales 4.57g

Sodio 92.3mg

Potasio 262.7mg

Calcio 123.5mg

Hierro 5.21mg

Vitaminas (Ácido ascórbico total de vitamina C; B-6; B-12; Folato-DFE; A-RAE; A-IU; E-tocoferol alfa; D; D-D2+D3; K-filoquinona; Tiamina; Riboflavina; Niacina)

Calorías 86.7

15. Batido proteico de almendras

Ingredientes:

1 taza de leche desnatada

½ taza de agua

2 claras de huevo

1 cucharada de almendras ralladas

1 cucharada de miel

½ taza de harina de avena

Preparación:

Separar las claras de huevo de las yemas. Combinar con los otros ingredientes y mezclar en una licuadora por 30-40 segundos. Dejar enfriar en la nevera. Servir frío.

Valores nutricionales para 1 vaso:

Carbohidratos 14.31g

Azúcar 9.19g

Proteína 7.91g

Grasas totales 4.54g

Sodio 103mg

Potasio 287.9mg

Calcio 122mg

Hierro 4.29mg

Vitaminas (Vitamin C; B-6; B-12; Folato-DFE; A-RAE; A-IU; E-tocoferol alfa; D; D-D2+D3; K; Tiamina; Riboflavina; Niacina)

Calorías 91

16. Batido proteico de banana

Ingredientes:

1 large banana

1 taza de leche desnatada

½ taza de agua

1 cucharadita de extracto de vainilla

1 cucharada de jarabe de agave

Preparación:

Pelar y cortar la banana en cubos pequeños. Combinar con los otros ingredientes en una licuadora y mezclar por 30 segundos, hasta obtener una mezcla homogénea. Dejar en la nevera y servir frío.

Valores nutricionales para 1 vaso:

Carbohidratos 10.11g

Azúcar 7.17g

Proteína 8.91g

Grasas totales 3.23g

Sodio 95mg

Potasio 612.9mg

Calcio 119mg

Hierro 2.88mg

Vitaminas (Ácido ascórbico total de vitamina C; B-6; B-12; Folato-DFE; A-RAE; A-IU; E-tocoferol alfa; D; D-D2+D3; K-filoquinona; Tiamina; Riboflavina; Niacina)

Calorías 88

17. Batido proteico de copos de salvado

Ingredientes:

1 taza de leche desnatada

½ taza de agua

½ taza de copos de salvado

1 cucharada de azúcar negra

1 cucharada de miel

1 cucharadita de cacao

Preparación:

Mezclar en una licuadora por 30-40 segundos, o hasta obtener una mezcla homogénea. Puede agregar canela, pero es opcional. Dejar enfriar en la nevera por una hora. Servir frío.

Valores nutricionales para 1 vaso:

Carbohidratos 11.7g

Azúcar 10.01g

Proteína 5.32g

Grasas totales 3.65g

Sodio 86.5mg

Potasio 262mg

Calcio 111mg

Hierro 3.75mg

Vitaminas (Ácido ascórbico total de vitamina C; B-6; B-12; Folato-DFE; A-RAE; A-IU; E;D; D-D2+D3; K-filoquinona; Tiamina; Riboflavina)

Calorías 78.7

18. Batido proteico de bayas silvestres

Ingredientes:

½ taza de bayas silvestres

½ taza de jugo de bayas silvestres

½ taza de agua

1 cucharadita de extracto de moras

2 claras de huevo

1 puñado de hielo

Preparación:

Separar las claras de huevo de las yemas. Combinar con los otros ingredientes y mezclar en una licuadora por 30 segundos. Servir frío.

Valores nutricionales para 1 vaso:

Carbohidratos 13.01g

Azúcar 9g

Proteína 7.8g

Grasas totales 1.95g

Sodio 98mg

Potasio 234.7mg

Calcio 110mg

Hierro 3.04mg

Vitaminas (Ácido ascórbico total de vitamina C; B-6; B-12; Folato-DFE; A-RAE; A-IU; E-tocoferol alfa; D; D-D2+D3; K-filoquinona; Tiamina; Riboflavina; Niacina)

Calorías 68

19. Batido proteico de nueces

Ingredientes:

1 taza de leche de coco

½ taza de nueces ralladas

½ taza de espinaca finamente cortada

1 huevo entero

2 cucharada de azúcar negra

1 cucharadita de extracto de nuez

Preparación:

Combinar los ingredientes en una licuadora y mezclar por 30-40 segundos. Agregar cubos de hielo antes de servir.

Valores nutricionales para 1 vaso:

Carbohidratos 11.27g

Azúcar 8.11g

Proteína 5.85g

Grasas totales 2.94g

Sodio 85mg

Potasio 259.6mg

Calcio 113mg

Hierro 2.03mg

Vitaminas (Ácido ascórbico total de vitamina C; B-6; B-12; Folato-DFE; A-RAE; A-IU; E-tocoferol alfa; D; D-D2+D3; K-filoquinona; Tiamina; Riboflavina; Niacina)

Calorías 72.6

20. Batido proteico de yogurt griego

Ingredientes:

1 taza de yogurt griego

1 cucharada de miel

1 cucharada de azúcar negra

¼ taza de leche desnatada

1 cucharadita de manteca de almendra

¼ cucharadita de canela

Preparación:

Combinar la leche, manteca de almendra y azúcar negra en una cacerola. Revolver bien y dejar hervir, a baja temperatura, por 2 minutos. Remover del fuego y dejar enfriar por 15 minutos. Poner la mezcla en una licuadora y agregar los otros ingredientes. Mezclar bien por 30-40 segundos y dejar en la nevera para enfriar.

Valores nutricionales para 1 vaso:

Carbohidratos 13.1g

Azúcar 9g

Proteína 7.91g

Grasas totales 3.03g

Sodio 95mg

Potasio 259mg

Calcio 119mg

Hierro 3mg

Vitaminas (Ácido ascórbico total de vitamina C; B-6; B-12; Folato-DFE; A-RAE; A-IU; E-tocoferol alfa; D; D-D2+D3; K-filoquinona; Tiamina; Riboflavina; Niacina)

Calorías 70

21. Batido proteico con huevos

Ingredientes:

1 taza de leche desnatada

½ taza de agua

1 cucharada de yogurt griego

3 huevos

1 cucharadita de extracto de vainilla

1 cucharada de azúcar negra

Preparación:

Combinar los ingredientes en una licuadora y mezclar hasta obtener una mezcla homogénea. Servir frío.

Valores nutricionales para 1 vaso:

Carbohidratos 10g

Azúcar 6.02g

Proteína 9.84g

Grasas totales 3.94g

Sodio 95mg

Potasio 212.2mg

Calcio 123mg

Hierro 2.43mg

Vitaminas (Vitamin C;B-6; B-12; Folato-DFE; A-RAE; A-IU; D; D-D2+D3; K-filoquinona; Tiamina; Riboflavina; Niacina)

Calorías 72

22. Batido proteico de mantequilla de maní

Ingredientes:

1 taza de leche desnatada

¼ taza de maní cortado finamente

1 cucharada de mantequilla de maní

1 cucharada de azúcar negra

1cucharada de fresas de Goji

1 manzana verde pequeña

Preparación:

Pelar y cortar la manzana en rebanadas finas. Usar una cacerola para derretir la mantequilla de maní a baja temperatura. Agregar el azúcar negra y revolver bien por 30 segundos. Remover del fuego y dejar enfriar. Mientras tanto, mezclar los otros ingredientes en una licuadora por 30-40 segundos. Dejar en la nevera por lo menos por 30 minutos para enfriar.

Valores nutricionales para 1 vaso:

Carbohidratos 13.2g

Azúcar 10.7g

Proteína 11.6g

Grasas totales 2.8g

Sodio 97mg

Potasio 259mg

Calcio 134.3mg

Hierro 3.09mg

Vitaminas (Ácido ascórbico total de vitamina C; B-6; B-12; Folato-DFE; A-RAE; A-IU; E-tocoferol alfa; D; D-D2+D3; K-filoquinona; Tiamina; Riboflavina; Niacina)

Calorías 88.4

23. Batido proteico enérgico

Ingredientes:

1 cucharada de almendras ralladas

1 cucharada de nueces ralladas

1 cucharada de nueces de macadamia ralladas

1 taza de aronia

1 banana mediana

1 vaso de jugo de naranja fresco

1 vaso de agua

2 claras de huevo

2 cucharada de miel

1 cucharada de azúcar negra

Preparación:

Este batido proteico es muy fácil de preparar. Simplemente combine los ingredientes en una licuadora y mezcle bien por 40 segundos. Enfriar bien antes de servir.

Valores nutricionales para 1 vaso:

Carbohidratos 17.47g

Azúcar 14.03g

Proteína 15.8g

Grasas totales 7.94g

Sodio 175mg

Potasio 369mg

Calcio 189mg

Hierro 6.09mg

Vitaminas (Ácido ascórbico total de vitamina C; B-6; B-12; Folato-DFE; A-RAE; A-IU; E-tocoferol alfa; D; D-D2+D3; K-filoquinona; Tiamina; Riboflavina; Niacina)

Calorías 149

24. Batido proteico de pistacho

Ingredientes:

1 taza de leche desnatada

¼ taza de pistachos cortados finamente

1 cucharada de mantequilla de maní

1 cucharada de miel

1 puñado de hielo

Preparación:

Mezclar los ingredientes en una licuadora hasta obtener una mezcla homogénea.

Valores nutricionales para 1 vaso:

Carbohidratos 13.4g

Azúcar 9.15g

Proteína 7.81g

Grasas totales 5.91g

Sodio 105mg

Potasio 287mg

Calcio 115mg

Hierro 3.03mg

Vitaminas (Ácido ascórbico total de vitamina C; B-6; B-12; Folato-DFE; A-RAE; A-IU; E-tocoferol alfa; D; D-D2+D3; K-filoquinona; Tiamina; Riboflavina; Niacina)

Calorías 81

25. Batido proteico de mantequilla de almendra

Ingredientes:

1 taza de leche desnatada

½ taza de agua

½ taza de harina de avena

1 cucharada de azúcar negra

2 cucharada de manteca de almendra

1 cucharadita de extracto de almendra

¼ taza de leche de almendra

Preparación:

Hervir la leche de almendra a baja temperatura. Agregar el extracto y manteca de almendra, y el azúcar negra. Revolver bien y dejar hervir por 30-40 segundos. Remover del fuego y enfriar. Combinar con los otros ingredientes en una licuadora y mezclar bien por 30 segundos. Servir frío.

Valores nutricionales para 1 vaso:

Carbohidratos 15.3g

Azúcar 8.11g

Proteína 9.83g

Grasas totales 7.81g

Sodio 106mg

Potasio 297.2mg

Calcio 125mg

Hierro 4.09mg

Vitaminas (Ácido ascórbico total de vitamina C; B-6; B-12; Folato-DFE; A-RAE; A-IU; E-tocoferol alfa; D; D-D2+D3; K-filoquinona; Tiamina; Riboflavina; Niacina)

Calorías 73

26. Batido proteico de manzanas verdes

Ingredientes:

1 manzana verde

2 claras de huevo

1 vaso de jugo de manzana fresco

1 cucharada de nueces ralladas

¼ cucharadita de canela

Preparación:

Pelar y cortar la manzana en rebanadas finas. Separar las claras de huevo de las yemas. Mezclar con el resto de los ingredientes en una licuadora por 30-40 segundos. Servir con cubos de hielo.

Valores nutricionales para 1 vaso:

Carbohidratos 11g

Azúcar 8g

Proteína 8.92g

Grasas totales 3.44g

Sodio 92mg

Potasio 212.4mg

Calcio 103mg

Hierro 3.03mg

Vitaminas (Ácido ascórbico total de vitamina C; B-6; B-12; Folato-DFE; A-RAE; A-IU; E-tocoferol alfa; D; D-D2+D3; K-filoquinona; Tiamina; Riboflavina; Niacina)

Calorías 62

27. Batido proteico de miel y banana

Ingredientes:

1 taza de leche desnatada

1 banana mediana

1 cucharada de miel

1 cucharadita de extracto de banana

1 cucharada de yogurt griego

1 cucharada de crema sin grasas

Preparación:

Pelar y cortar la banana en cubos pequeños. Mezclar con los otros ingredientes en una licuadora por 30-40 segundos y dejar enfriar en la nevera por una hora. Servir frío

Valores nutricionales para 1 vaso:

Carbohidratos 12.7g

Azúcar 7.1g

Proteína 9.92g

Grasas totales 2.94g

Sodio 85mg

Potasio 249.5mg

Calcio 133mg

Hierro 3mg

Vitaminas (Ácido ascórbico total de vitamina C; B-6; B-12; Folato-DFE; A-RAE; A-IU; E-tocoferol alfa; D; D-D2+D3; K-filoquinona; Tiamina; Riboflavina; Niacina)

Calorías 68.9

28. Batido proteico de frutos secos mixtos

Ingredientes:

1 cucharadita de almendras ralladas

1 cucharadita de nueces ralladas

1 cucharadita de avellanas rallladas

1 cucharadita de nueces de macadamia ralladas

1 vaso de jugo de naranja fresco

1 cucharada de jarabe de agave

1 cucharada de helado de naranja sin grasas

1 puñado de hielo

Preparación:

Mezclar los ingredientes en una licuadora por 30-40 segundos.

Valores nutricionales para 1 vaso:

Carbohidratos 15.19g

Azúcar 11.23g

Proteína 9.85g

Grasas totales 6.64g

Sodio 115mg

Potasio 309.6mg

Calcio 121mg

Hierro 5.03mg

Vitaminas (Ácido ascórbico total de vitamina C; B-6; B-12; Folato-DFE; A-RAE; A-IU; E-tocoferol alfa; D; D-D2+D3; K-filoquinona; Tiamina; Riboflavina; Niacina)

Calorías 98.3

29. Batido proteico de ananá

Ingredientes:

1 taza de ananá fresco cortado

1 taza de jugo de ananá fresco

2 claras de huevo

1 cucharada de azúcar negra

1 cucharadita de extracto de ananá

2 cerezas para decorar

Preparación:

Separar las claras de huevo de las yemas. Mezclar con los otros ingredientes en una licuadora por 30-40 segundos. Servir con hielo y las cerezas.

Valores nutricionales para 1 vaso:

Carbohidratos 11.34g

Azúcar 8.11g

Proteína 6.85g

Grasas totales 1.84g

Sodio 84mg

Potasio 209.6mg

Calcio 103mg

Hierro 1.93mg

Vitaminas (Ácido ascórbico total de vitamina C; B-6; B-12; Folato-DFE; A-RAE; A-IU; E-tocoferol alfa; D; D-D2+D3; K-filoquinona; Tiamina; Riboflavina; Niacina)

Calorías 58.9

30. Batido proteico exótico

Ingredientes:

1 taza de leche de coco

½ banana

½ taza de ananá cortado

1 cucharadita of coconut extract

2 cucharada de crema agria baja en grasas

2 cucharada de azúcar negra

Preparación:

Combinar los ingredientes en una licuadora por 30-40 segundos y mezclar bien hasta alcanzar una mezcla homogénea. Servir con cubos de hielo.

Valores nutricionales para 1 vaso:

Carbohidratos 11.17g

Azúcar 8.31g

Proteína 5.85g

Grasas totales 2.44g

Sodio 82mg

Potasio 279.6mg

Calcio 114mg

Hierro 2.3mg

Vitaminas (Ácido ascórbico total de vitamina C; B-6; B-12; Folato-DFE; A-RAE; A-IU; E-tocoferol alfa; D; D-D2+D3; K-filoquinona; Tiamina; Riboflavina; Niacina)

Calorías 72

31. Batido proteico de durazno y crema

Ingredientes:

1 durazno mediano

1 vaso de leche de almendra

1 cucharada de crema agria baja en grasas

1 cucharada de yogurt griego

1 cucharadita de extracto de durazno

1 cucharada de miel

1 cucharadita de semillas de calabaza

1 puñado de hielo

Preparación:

Cortar el durazno en piezas pequeñas. Mezclar con los otros ingredientes en una licuadora hasta obtener una mezcla homogénea.

Valores nutricionales para 1 vaso:

Carbohidratos 13.27g

Azúcar 9.11g

Proteína 7.85g

Grasas totales 4.94g

Sodio 85mg

Potasio 259mg

Calcio 103mg

Hierro 2.93mg

Vitaminas (Ácido ascórbico total de vitamina C; B-6; B-12; Folato-DFE; A-RAE; A-IU; E-tocoferol alfa; D; D-D2+D3; K-filoquinona; Tiamina; Riboflavina; Niacina)

Calorías 70

32. Batido proteico de yogurt griego de vainilla

Ingredientes:

1 taza de yogurt griego de vainilla

1 taza de leche desnatada

1 cucharada de nueces de macadamia ralladas

1 banana mediana

½ taza de fresas

1 cucharadita de extracto de vainilla

Preparación:

Pelar la banana y cortar en cubos pequeños. Combinar con los otros ingredientes en una licuadora hasta obtener una mezcla homogénea, por 30-40 segundos. Puede espolvorear polvo de vainilla sobre el batido, pero es opcional. Servir frío.

Valores nutricionales para 1 vaso:

Carbohidratos 12.2g

Azúcar 6.1g

Proteína 9.85g

Grasas totales 3.4g

Sodio 79mg

Potasio 216.6mg

Calcio 111mg

Hierro 2.3mg

Vitaminas (Ácido ascórbico total de vitamina C; B-6; B-12; Folato-DFE; A-RAE; A-IU; E-tocoferol alfa; D; D-D2+D3; K-filoquinona; Tiamina; Riboflavina; Niacina)

Calorías 78

33. Batido de potencia de ciruela

Ingredientes:

3 ciruelas maduras, sin carozo

1 taza de leche desnatada

½ taza de nueces

¼ taza de jarabe de agave

Preparación:

Mezclar los ingredientes en una licuadora por 30-40 segundos. Servir frío.

Valores nutricionales para 1 vaso:

Carbohidratos 12.21g

Azúcar 5.98g

Proteína 6.23g

Grasas totales 2.31g

Sodio 82.5mg

Potasio 217.8mg

Calcio 124.3mg

Hierro 1.27mg

Vitaminas (Ácido ascórbico total de vitamina C; B-6; B-12; Folato-DFE; A-RAE; A-IU; E-tocoferol alfa; D; D-D2+D3; K-filoquinona; Tiamina; Riboflavina; Niacina)

Calorías 56.4

34. Batido proteico de limón

Ingredientes:

1 vaso de limonada sin azúcar

1 cucharada de ralladura de limón

2 cucharada de azúcar negra

½ taza de queso cottage

1 cucharada de extracto de vainilla

1 cucharada de galletas de avena

Preparación:

Poner los ingredientes en una licuadora y mezclar hasta obtener una consistencia cremosa.Put the Ingredientes into a blender and blend until you get a creamy consistency. Servir en un vaso y espolvorear con galletas de avena. Servir frío

Valores nutricionales para 1 vaso:

Carbohidratos 9.27g

Azúcar 6.11g

Proteína 8.85g

Grasas totales 4.94g

Sodio 86mg

Potasio 211.4mg

Calcio 115mg

Hierro 1.05mg

Vitaminas (Ácido ascórbico total de vitamina C; B-6; B-12; Folato-DFE; A-RAE; A-IU; E-tocoferol alfa; D; D-D2+D3; K-filoquinona; Tiamina; Riboflavina; Niacina)

Calorías 57.6

35. Batido proteico de caramelo

Ingredientes:

1 taza de leche desnatada

½ taza de azúcar negra

½ cucharadita de canela

1 cucharadita de extracto de chocolate

1 cucharada de almendras ralladas

1 pera mediana

2 cucharada de yogurt griego

Preparación:

Usar una cacerola para derretir el azúcar a baja temperatura. Lentamente agregar la leche y revolver bien por 1 minuto. El azúcar se convertirá en caramelo. Remover del fuego y dejar enfriar por un rato. Mientras tanto, cortar la pera en piezas pequeñas, combinar con el resto de los ingredientes en una licuadora, agregar el caramelo y mezclar por 40 segundos. Servir el batido proteico en un vaso, espolvorear con canela y agregar cubos de hielo.

Valores nutricionales para 1 vaso:

Carbohidratos 12.37g

Azúcar 8.42g

Proteína 6.85g

Grasas totales 2.74g

Sodio 83mg

Potasio 239.6mg

Calcio 112mg

Hierro 2.05mg

Vitaminas (Ácido ascórbico total de vitamina C; B-6; B-12; Folato-DFE; A-RAE; A-IU; E-tocoferol alfa; D; D-D2+D3; K-filoquinona; Tiamina; Riboflavina; Niacina)

Calorías 72.7

COMIDAS POST-COMPETENCIA PARA FISICOCULTURISMO

1. Pollo a la plancha con naranja

Ingredientes:

3 pechugas de pollo grandes, deshuesadas y sin piel

½ taza de jugo de naranja fresco

1/3 taza de aceite de oliva

2 cucharaditas de jugo de limón

3 dientes de ajo, triturados

½ cucharadita de tomillo deshidratado

1 cucharadita de orégano deshidratado

½ cucharadita de comino picado

½ cucharadita de sal marina

Preparación:

Primero, prepare una marinada. Combine los ingredientes en un bol plástico grande, mezcle bien y agregue el pollo. Selle bien y refrigere durante aproximadamente una hora.

Caliente el sartén a una temperatura media, agregue el pollo y cocine durante aproximadamente 15 minutos de cada lado.

Valor nutricional por 100g:

Carbohidratos 17.1g

Azúcar 9.5g

Proteínas 19.3 g

Grasa total 6g

Sodio 265.2 mg

Potasio 125.1mg

Calcio 19mg

Hierro 8.7mg

Vitaminas (Vitamina A; B-6; B-12; C; D; D2; D3; K; Riboflavina; Niacina; Tiamina; K)

Calorías 154

2. Tocineta y frijoles

Ingredientes:

10 rebanadas de tocineta

1 taza de frijoles verdes, cocidos

2 cucharadas de perejil deshidratado

1 cucharadita de mostaza

1 cucharadita de vinagre de manzana

3 cucharadas de aceite de oliva

½ cucharadita de sal

Preparación:

Fría la tocineta en un sartén grande a temperatura media, hasta que esté crujiente. Cubra y deje a un lado. Mezcle los frijoles verdes con la mostaza, el perejil y el aceite de oliva. Agregue la tocineta y condimente con sal y vinagre de manzana.

Refrigere durante aproximadamente una hora antes de servir.

Valor nutricional por 100g:

Carbohidratos 12.1g

Azúcar 6.3g

Proteínas 14 g

Grasas totales 4g

Sodio 116.2 mg

Potasio 71.9mg

Calcio 21mg

Hierro 7mg

Vitaminas (Vitamina A; B-6; B-12; C; D; D2; D3; K; Riboflavina; Niacina; Tiamina; K)

Calorías 132

3. Chuletas de cordero

Ingredientes:

4 chuletas de cordero, de 1/4 de pulgada de espesor

1 taza de frijoles chili

3 pimientos rojos grandes, rebanados

1 cucharada de aceite de oliva

½ cucharadita de sal marina

1 cucharadita de vinagre de vino tinto

Preparación:

Caliente 1 cucharada de aceite de oliva en un sartén grande, a alta temperatura. Condimente las chuletas con sal marina y vinagre de vino tinto. Cambie a un plato y reserve.

Mientras tanto, agregue los frijoles con chile y los pimientos rojos en un sartén. Saltee, revolviendo ocasionalmente hasta que suavicen. Esto tomará unos 5-7 minutos.

Agregue las chuletas y continúe salteando durante otros 15 minutos. Sirva las chuletas cubiertas con la mezcla de frijoles.

Valor nutricional por 100g:

Carbohidratos 14.1g

Azúcar 4.5g

Proteínas 18.9g

Grasas totales 6g

Sodio 217.1 mg

Potasio 89.1mg

Calcio 29mg

Hierro 4mg

Vitaminas (Vitamina A; B-6; B-12; C; D; D2; D3; K; Riboflavina; Niacina; Tiamina; K)

Calorías 143

4. Tacos de carne

Ingredientes:

1 libra de bistec de ternera

½ taza de jugo de lima fresco

1 cucharadita de sal marina

3 dientes de ajo, picados

½ cucharadita de polvo de chile

4 cucharadas de aceite de oliva

1 cebolla roja pequeña, picada

3 pimientos amarillos

½ taza de maíz dulce

7 tortillas de maíz pequeñas

½ aguacate, rebanado

¼ taza de salsa de soya

2 cucharadas de cilantro picado

Preparación:

Primero, ponga a marinar el bistec. Mezcle el jugo de limón, la sal, el ajo y el chile en polvo en un bol grande. Agregue el bistec y deje reposar durante aproximadamente 30 minutos.

Caliente el aceite de oliva en un sartén grande a temperatura media, durante aproximadamente 5 minutos. Agregue la cebolla picada y los pimientos. Cocine durante aproximadamente 5-6 minutos. Transfiera los vegetales a un plato de reserve.

Ahora, agregue el bistec al sartén. Reduzca el fuego a una temperatura media-baja y cocine durante aproximadamente 10-15 minutos. Agregue los pimientos y mezcle bien. Prepare los tacos con tortillas tibias y aguacate. Agregue la salsa de soya, el cilantro picado y el maíz. Sirva tibio.

Valor nutricional por 100g:

Carbohidratos 16g

Azúcar 11g

Proteínas 13.5 g

Grasas totales 5g

Sodio 126mg

Potasio 78.2mg

Calcio 11mg

Hierro 4mg

Vitaminas (Vitamina A; B-6; B-12; C; D; D2; D3; K; Riboflavina; Niacina; Tiamina; K)

Calorías 87

5. Arroz con aguacate

Ingredientes

3 tazas de camarones, limpios y congelados

1 aguacate mediano, maduro

1 ½ taza de arroz integral cocido

2 huevos

1 cucharada de miel

2 cucharaditas de aceite de oliva

¼ cucharadita de pimienta roja

1 cucharada de vinagre de vino tinto

2 cucharadas de semillas de sésamo

1 taza de frijoles rojos

Preparación:

Caliente el aceite de oliva en un sartén grande a temperatura media. Agregue miel y revuelva bien hasta que se derrita. Ahora, agregue los camarones y fría bien durante unos minutos por cada lado. Condimente con pimienta y retire de la sartén. Utilice el mismo sartén para freír los huevos durante aproximadamente 2 minutos. Transfiera a un plato y corte en tiras.

En un bol pequeño, mezcle el arroz con el vinagre de vino tinto y los frijoles rojos. Cubra con las tiras de huevo, los camarones y las rebanadas de aguacate.

Valor nutricional por 100g:

Carbohidratos 28.2g

Azúcar 13.1g

Proteínas 32.1 g

Grasas totales 11g

Sodio 621.4 mg

Potasio 119mg

Calcio 31mg

Hierro 7mg

Vitaminas (Vitamina A; B-6; B-12; C; D; D2; D3; K; Riboflavina; Niacina; Tiamina; K)

Calorías 181

6. Pollo al limón

Ingredientes:

4 mitades de pechuga de pollo, sin piel y deshuesadas

½ taza de caldo de pollo

2 cucharadas de perejil deshidratado, picado

2 cucharadas de nueces, picadas finamente

1 cucharada de jugo de limón fresco

¼ cucharadita de cáscara de limón

2 cucharaditas de harina de arroz

½ cucharadita de sal marina

¼ cucharadita de pimienta negra

2 cucharadas de aceite de oliva

1 cebolla mediana, picada

1 taza de arroz integral, cocido

Preparación:

Mezcle el perejil, las nueces y la cáscara de limón en un bol. Lave y seque el pollo dando toques. Espolvoree con la harina, la sal y la pimienta.

Utilice un sartén grande para calentar el aceite de oliva, a temperatura media. Agregue la cebolla picada y saltee durante aproximadamente 3-4 minutos. Revuelva bien y agregue la pechuga de pollo. Fría hasta que dore.

Ahora vierta el caldo de pollo y el jugo de limón encima del pollo. Tape y deje cocinar durante aproximadamente 20 minutos a una temperatura muy baja. Incorpore la mezcla de perejil y retire del fuego. Sirva tibio.

Valor nutricional por 100g:

Carbohidratos 28g

Azúcar 10.5g

Proteínas 30.1 g

Grasas totales 9.9g

Sodio 611.3 mg

Potasio 103 mg

Calcio 19mg

Hierro 7.6mg

Vitaminas (Vitamina A; B-6; B-12; C; D; D2; D3; K; Riboflavina; Niacina; Tiamina; K)

Calorías 177

7. Pizza de Espinaca

Ingredientes:

1 masa integral para pizza mediana

¼ taza de salsa para pizza sin azúcar

½ taza de espinaca picada

½ cebolla pequeña, picada

1 taza de queso cottage

½ taza de champiñones, rebanados

¼ taza de ricota, descremado

2 cucharadas de queso parmesano rallado

1 cucharada de aceite de oliva

Preparación:

Precaliente el horno a 350 grados. Extienda la masa para pizza en una bandeja para hornear. Distribuya la salsa encima de la masa para pizza. Ahora, agregue la espinaca y las cebollas. Espolvoree con el queso cottage y los champiñones y prepare una capa final con ricota y parmesano. Rocíe con el aceite de oliva.

Hornee durante aproximadamente 10 minutos, corte y sirva.

Valor nutricional por 100g:

Carbohidratos 29.2g

Azúcar 16.1g

Proteínas 32.2 g

Grasas totales 10g

Sodio 611.4 mg

Potasio 102mg

Calcio 22mg

Hierro 5.7mg

Vitaminas (Vitamina A; B-6; B-12; C; D; D2; D3; K; Riboflavina; Niacina; Tiamina; K)

Calorías 171

8. Pasta con brócoli y ricota

Ingredientes:

1 taza pasta integral

1 taza de brócoli cocido

¼ taza de ricota desnatado

1 taza de salchichas sin grasa cortadas

2 cucharadas de queso parmesano, rallado

¼ cucharadita de sal

2 cucharadas de aceite de oliva

1 cebolla pequeña, en rodajas

1 diente de ajo molido

1/2 cebolla roja mediana, en rodajas finas

1 diente de ajo, rebanado

Una pequeña pizca de hojuelas de pimienta roja triturada

2 cucharadas de pasta de tomate

Preparación:

Vierta 3 tazas de agua en una olla grande. Lleve a ebullición y agregue el brócoli. Cocine durante aproximadamente 10 minutos, hasta que esté suave. Retire del agua y deje enfriar. Córtelo en pedazos del tamaño de un bocado.

Ahora, agregue la pasta en la misma olla y siga las instrucciones del empaque para cocinarla.

Mientras, caliente el aceite de oliva en un sartén grande, a temperatura media. Agregue las salchichas cortadas, las rodajas de cebolla, el ajo, y la pimienta roja. Cocine durante aproximadamente 8 minutos, revolviendo ocasionalmente. Agregue el brócoli cocido y mezcle bien hasta que esté tierno. Vierta la salsa de tomate y cocine durante otro minuto.

Reduzca el fuego al mínimo y agregue la pasta. Agregue un poco de agua si la mezcla se ve seca. Incorpore la ricota desnatada y el queso parmesano. Sirva tibio.

Valor nutricional por 100g:

Carbohidratos 26g

Azúcar 11g

Proteínas 28.3 g

Grasas totales 9g

Sodio 421.1 mg

Potasio 128.1mg

Calcio 19mg

Hierro 8.7mg

Vitaminas (Vitamina A; B-6; B-12; C; D; D2; D3; K; Riboflavina; Niacina; Tiamina; K)

Calorías 186

9. Vegetales asados con queso de cabra

Ingredientes:

½ taza de remolacha, pelada y cortada en dados

½ taza de frijoles verdes, cocidos y escurridos

½ taza de coles de Bruselas, picadas

½ taza de calabaza, pelada y cortada

½ taza de zanahoria, picada

1 taza de tomates frescos, en trozos grandes

½ taza de tomates asados

1 cebolla pequeña, en rodajas

½ taza de lentejas cocidas

2 dientes de ajo, picados finamente

1 taza de acelgas finamente picadas

sal y pimienta al gusto

3 cucharadas de aceite de oliva

1 taza de queso de cabra desmenuzado

Preparación:

Precaliente el horno a 350 grados. En un bol grande, mezcle la remolacha, los frijoles verdes, los coles de Bruselas y la calabaza. Agregue 1 cucharada de aceite de oliva y un poco de sal al gusto. Coloque en una bandeja para el horno y hornee durante aproximadamente 20 minutos.

Mientras, caliente el aceite restante en un sartén mediano. Agregue las cebollas y la zanahoria y fría durante aproximadamente 5 minutos, revolviendo constantemente.

Agregue los tomates en dados y la acelga. Condimente con pimienta y cocine a fuego lento durante aproximadamente 20 minutos. Revuelva y luego agregue la acelga, sal y pimienta.

Sirva las lentejas con los vegetales asados, los tomates asados y el queso de cabra.

Valor nutricional por 100g:

Carbohidratos 32.7g

Azúcar 14g

Proteínas 34 g

Grasas totales 12.7g

Sodio 645 mg

Potasio 141.2mg

Calcio 23mg

Hierro 7mg

Vitaminas (Vitamina A; B-6; B-12; C; D; D2; D3; K; Riboflavina; Niacina; Tiamina; K)

Calorías 204

10. Tofu thai con jengibre

1 taza de tofu, cortado en cubos

3 cucharadas de salsa de jengibre

1 cucharada de aceite de oliva

2 cucharadas de jengibre fresco, molido

2 dientes de ajo

2 cucharadas de pimientos chile frescos picados finamente

½ taza de champiñones frescos

1 taza de pimiento amarillo fresco, picado

1 taza de frijoles verdes, cocidos

2 cucharadas de salsa teriyaki

¼ taza de agua

¼ taza de albahaca fresca, picada

1 cebolla pequeña, pelada y en rodajas

2 tazas de arroz integral, hervido

Recetas para Construir Músculo para Fisicoculturismo, para Pre y Post Competencia

Preparación:

Mezcle los ingredientes en un sartén antiadherente o en un wok. Caliente la estufa a temperatura media y saltee los ingredientes durante aproximadamente 20 minutos, revolviendo constantemente.

Sirva con el arroz integral.

Valor nutricional por 100g:

Carbohidratos 29g

Azúcar 12.1g

Proteínas 30.1 g

Grasas totales 11.9g

Sodio 522.1 mg

Potasio 104.9mg

Calcio 32mg

Hierro 8.6mg

Vitaminas (Vitamina A; B-6; B-12; C; D; D2; D3; K; Riboflavina; Niacina; Tiamina; K)

Calorías 157

11. Pepperonata con frijoles blancos

Ingredientes:

2 cucharadas de aceite de oliva

1 cebolla pequeña, en rodajas

2 dientes de ajo, picado

1 pimiento rojo, picado

2 tomates pequeños, en rodajas

1 taza de frijoles verdes

1 cucharada de vinagre de manzana

2 cucharadas de aceite de oliva

algunas hojas de albahaca para decoración

sal y pimienta al gusto

Preparación:

Caliente el aceite de oliva en un sartén grande a fuego medio. Agregue la cebolla en rodajas y saltee durante algunos minutos, hasta que doren. Agregue el ajo y el pimiento, condimente con sal y pimienta. Saltee durante 15 minutos, revolviendo constantemente.

Reduzca el fuego y agregue los tomates y los frijoles verdes. Tape y cocine durante unos minutos, Retire del fuego y sirva.

Valor nutricional por 100g:

Carbohidratos 28.2g

Azúcar 14.5g

Proteínas 33.5 g

Grasas totales 12g

Sodio 626.5 mg

Potasio 121.2mg

Calcio 34mg

Hierro 10mg

Vitaminas (Vitamina A; B-6; B-12; C; D; D2; D3; K; Riboflavina; Niacina; Tiamina; K)

Calorías 197

12. Ensalada de calabaza y garbanzos

Ingredientes:

2 tazas de calabaza picada

2 cucharaditas de comino fresco

2 cucharaditas de cilantro molido

4 cucharadas de aceite vegetal

1 taza de garbanzos, escurridos

8 higos deshidratados, rebanados

1 cebolla roja, en rodajas

¼ taza cilantro picado

4 cucharadas de jugo de limón fresco

¼ taza de aceite de oliva

Preparación:

Precaliente el horno a 300 grados.

En un bol grande, combine la calabaza con el comino, cilantro y los vegetales. Mezcle bien. Distribuya la mezcla de calabaza en una bandeja para hornear y hornee durante aproximadamente 20 minutos. Retire del horno y deje enfriar.

Coloque la calabaza, los garbanzos, higos, cebolla, cilantro, cáscara de limón y el aceite de oliva en un bol y mueva cuidadosamente para cubrir. Servir.

Valor nutricional por 100g:

Carbohidratos 26g

Azúcar 12.5g

Proteínas 32.5 g

Grasas totales 7g

Sodio 612 mg

Potasio 84.1mg

Calcio 31mg

Hierro 9mg

Vitaminas (Vitamina A; B-6; B-12; C; D; D2; D3; K; Riboflavina; Niacina; Tiamina; K)

Calorías 179

13. Frittata de feta

Ingredientes:

2 tazas de berza picada

3 cucharadas de aceite de oliva

1 salchicha italiana mediana, rebanada

1 cebolla pequeña, pelada y en rodajas

6 huevos, ligeramente batidos

½ taza de queso feta

¼ cucharadita de sal

Preparación:

Hierva la berza durante aproximadamente 5 minutos. Deje escurrir y exprima todo el líquido posible. Corte en trozos grandes.

Caliente el aceite de oliva en un sartén grande. Fría la salchicha rebanada durante aproximadamente 3 minutos, volteando frecuentemente. Agregue las cebollas y fría durante otros 2-3 minutos. Agregue la berza y revuelva bien. Condimente con sal. Vierta encima los huevos batidos, mezcle con ayuda de un tenedor y retire del fuego después de aproximadamente un minuto.

Desmenuce el queso feta por encima y sirva tibio.

Valor nutricional por 100g:

Carbohidratos 16g

Azúcar 3.5g

Proteínas 20.5 g

Grasas totales 5.7g

Sodio 518.1 mg

Potasio 83.1mg

Calcio 31.4mg

Hierro 7mg

Vitaminas (Vitamina A; B-6; B-12; C; D; D2; D3; K; Riboflavina; Niacina; Tiamina; K)

Calorías 160

14. Quiche sin corteza

Ingredientes:

1 cebolla pequeña, picada

4 rebanadas grandes de tocineta

4 huevos

1 cucharada de perejil deshidratado, picado

¼ taza de harina de arroz

1 cucharada de mantequilla de almendras

2 tazas de leche descremada

½ cucharadita de sal

¼ cucharadita de pimienta

Preparación:

En un bol grande, bata los huevos y la leche. Agregue la harina de arroz y la mantequilla. Mezcle bien con una batidora eléctrica. Agregue los otros ingredientes y vierta la mezcla en una bandeja para hornear.

Precaliente el horno a 300 grados y hornee durante aproximadamente 30 minutos.

Valor nutricional por 100g:

Carbohidratos 19.2g

Azúcar 7.5g

Proteínas 29.5 g

Grasas totales 11g

Sodio 531 mg

Potasio 63mg

Calcio 31.2mg

Hierro 9.1mg

Vitaminas (Vitamina A; B-6; B-12; C; D; D2; D3; K; Riboflavina; Niacina; Tiamina; K)

Calorías 177

15. Cordero a la plancha y vegetales

Ingredientes:

3 filetes de cordero medianos

2 cucharadas de aceite de oliva

½ cucharadita de comino molido

1 diente de ajo, molido

½ cucharadita de sal marina

¼ cucharadita de pimienta negra

1 pimiento amarillo mediano, picado

1 berenjena mediana, pelada y rebanada

1 pepino, pelado y rebanado

2 cucharadas de perejil fresco, picado

Preparación:

Caliente el aceite de oliva en un sartén grande a alta temperatura. Corte la berenjena en rebanadas longitudinales y fríalas durante unos minutos. Reduzca el fuego y agregue los otros vegetales. Condimente con sal, pimienta y comino. Cubra la sartén y cocine durante aproximadamente 15 minutos, revolviendo ocasionalmente.

Precaliente el horno a 350 grados. En una bandeja para hornear mediana, distribuya los vegetales para formar una capa uniforme. Coloque los filetes de cordero encima y hornee durante 30 minutos.

Valor nutricional por 100g:

Carbohidratos 16g

Azúcar 7.5g

Proteínas 26.5 g

Grasas totales 10g

Sodio 531.2 mg

Potasio 63.1mg

Calcio 31mg

Hierro 6mg

Vitaminas (Vitamina A; B-6; B-12; C; D; D2; D3; K; Riboflavina; Niacina; Tiamina; K)

Calorías 201

16. Costillas de cerdo BBQ

Ingredientes:

1 libra de costillas de cerdo

3 cucharadas de aceite de oliva

½ taza de salsa de tomate fresco

¼ taza de salsa barbecue sin azúcar

2 dientes de ajo, molidos

¼ taza de azúcar morena

1 cucharadita de salsa Tabasco

Preparación:

Primero prepare la marinada. En un bol grande, mezcle la salsa de tomate fresca, la salsa barbecue, salsa Tabasco, el azúcar morena y el ajo. Coloque las costillas de cerdo en la marinada, cubra bien y refrigere durante aproximadamente una hora.

Vierta el aceite de oliva en la sartén. Fría las costillas durante aproximadamente 10 minutos de cada lado.

Valor nutricional por 100g:

Carbohidratos 22 g

Azúcar 6.5g

Proteínas 26.5 g

Grasas totales 11g

Sodio 468 mg

Potasio 82.1mg

Calcio 20mg

Hierro 6.5mg

Vitaminas (Vitamina A; B-6; B-12; C; D; D2; D3; K; Riboflavina; Niacina; Tiamina; K)

Calorías 181

17. Ensalada de Salchicha

Ingredientes:

8 salchichas de carne gruesas (libres de gluten)

1 papa mediana, hervida

1 cebolla roja, pelada y en rodajas

3 cucharadas de aceite de oliva extra virgen

sal y pimienta al gusto

1 cucharadita de vinagre

Preparación:

Caliente el aceite de oliva en un sartén grande a alta temperatura. Fría las salchichas durante aproximadamente 4 minutos. Retire de la sartén y deje enfriar durante aproximadamente 30 minutos. Corte en rebanadas y mezcle con las papas y la cebolla roja. Condimente con sal, pimienta y el vinagre. Refrigere durante aproximadamente 30 minutos antes de servir.

Valor nutricional por 100g:

Carbohidratos 15 g

Azúcar 2.5g

Proteínas 27.5 g

Grasas totales 11g

Sodio 531.1 mg

Potasio 82.1mg

Calcio 11mg

Hierro 5mg

Vitaminas (Vitamina A; B-6; B-12; C; D; D2; D3; K; Riboflavina; Niacina; Tiamina; K)

Calorías 136

18. Salmón a la parrilla con espárragos

Ingredientes:

4 filetes de salmón gruesos

¼ taza de mayonesa libre de grasas

1 taza de espárragos, picados

1 cucharada de albahaca, picada

1 cucharada de cilantro, picado

2 cucharadas de aceite de oliva

Preparación:

Mezcle la mayonesa con la albahaca y el cilantro. Mezcle bien y reserve.

Caliente el aceite de oliva en un sartén mediano a una temperatura media-alta. Fría los filetes de salmón durante aproximadamente 3 minutos de cada lado. Retire del sartén. Agregue los espárragos picados a la misma sartén. Reduzca el fuego a temperatura media y fría durante aproximadamente 5 minutos, revolviendo ocasionalmente.

Valor nutricional por 100g:

Carbohidratos 19.1g

Azúcar 5.5g

Proteínas 23.5 g

Grasas totales 5g

Sodio 538.7 mg

Potasio 85.2mg

Calcio 32mg

Hierro 9.9mg

Vitaminas (Vitamina A; B-6; B-12; C; D; D2; D3; K; Riboflavina; Niacina; Tiamina; K)

Calorías 147

19. Pollo con almendras

Ingredientes:

5 muslos de pollo, deshuesados y sin piel

3 cebollas rojas medianas, en rodajas

3 batatas medianas, cortadas en rebanadas gruesas

2 pimientos rojos, rebanados

2 dientes de ajo, picados

3 cucharadas de aceite de oliva

2 cucharadas de jugo de limón fresco

4 cucharadas de almendras, picadas

1 taza de yogur Griego

1 cucharada de perejil fresco, picado

Preparación:

Precaliente el horno a 300 grados. En un bol grande, mezcle los muslos de pollo con las rebanadas de batata y los pimientos. Transfiera a una bandeja para hornear. En otro bol, mezcle el ajo, el aceite de oliva, el jugo de limón fresco y las almendras. Vierta esta mezcla sobre la carne y hornee durante aproximadamente 40 minutos. Retire del horno y deje enfriar muy bien. Sirva en boles pequeños cubiertos con el yogur Griego y el perejil.

Valor nutricional por 100g:

Carbohidratos 26g

Azúcar 9.5g

Proteínas 31.5 g

Grasas totales 11g

Sodio 598.1 mg

Potasio 93.2mg

Calcio 21mg

Hierro 7.8mg

Vitaminas (Vitamina A; B-6; B-12; C; D; D2; D3; K; Riboflavina; Niacina; Tiamina; K)

Calorías 197

20. Tortilla de Ricota

Ingredientes:

4 huevos

2 cucharadas de perejil deshidratado

1 diente de ajo pequeño

2 cucharadas de queso parmesano

2 cucharadas de aceite de oliva

½ taza de ricota

1 cucharadita de albahaca fresca, picada

Preparación:

Bata los huevos y mezcle bien con el perejil, el ajo, el parmesano, la ricota y la albahaca. Caliente el aceite de oliva a temperatura alta. Fría los huevos durante aproximadamente 3-4 minutos, revolviendo constantemente. Sirva inmediatamente.

Valor nutricional por 100g:

Carbohidratos 21g

Azúcar 7.2g

Proteínas 25.1 g

Grasas totales 7g

Sodio 668.2 mg

Potasio 73.7mg

Calcio 22mg

Hierro 8mg

Vitaminas (Vitamina A; B-6; B-12; C; D; D2; D3; K; Riboflavina; Niacina; Tiamina; K)

Calorías 173

21. Kebab de pollo

Ingredientes:

2 papas pequeñas, peladas y cortada en rodajas delgadas

2 pechugas de pollo, deshuesadas y sin piel, cortada en cubos

1 cebolla roja mediana, en rodajas

1 pimiento rojo, rebanado

3 cucharadas de cada uno perejil, menta y cebollín

2 tomates pequeños, en rodajas

6 cucharadas de aceite de oliva

Para la marinada:

2 cucharadas de jugo de limón

2 chiles verdes, sin semillas y finamente picados

2 dientes de ajo pequeños, finamente picados

4 cucharadas de aceite de oliva

2 cucharadas de vinagre de vino blanco

Preparación:

Hierva las papas durante aproximadamente 20 minutos, hasta que estén suaves. Escurra y deje enfriar. En un bol grande, mezcle el jugo de limón, los chiles verdes, los dientes de ajo picados, el aceite de oliva y el vinagre. Sumerja la carne y los vegetales en esta marinada y refrigere durante al menos una hora.

Arregle la carne y los vegetales en palitos de madera. Utilice una brocha de cocina para distribuir el aceite de oliva restante sobre los kebabs de pollo. Cocine a la parrilla a temperatura media durante aproximadamente 5-6 minutos de cada lado.

Valor nutricional por 100g:

Carbohidratos 29.1g

Azúcar 16.1g

Proteínas 33 g

Grasas totales 12g

Sodio 521.4 mg

Potasio 84.1mg

Calcio 21mg

Hierro 8mg

Vitaminas (Vitamina A; B-6; B-12; C; D; D2; D3; K; Riboflavina; Niacina; Tiamina; K)

Calorías 243

22. Huevos con especias

Ingredientes:

4 huevos, batidos

1 cebolla pequeña, picada

1 chile pequeño, picado

1 cucharada de mantequilla

¼ taza de leche descremada

1 tomate pequeño, picado

1 cucharadita de hojas de cilantro deshidratado

Preparación:

Derrita la mantequilla a temperatura media. Agregue la cebolla y el chile y fría durante aproximadamente 5 minutos, hasta que estén suaves. Ahora, agregue el tomate, revuelva bien y cocine hasta que el agua se evapore. Mientras, mezcle los huevos con la leche y las hojas de cilantro deshidratado. Vierta esta mezcla en la sartén y cocine durante otros 2-3 minutos.

Valor nutricional por 100g:

Carbohidratos 18g

Azúcar 7.5g

Proteínas 20 g

Grasas totales 6g

Sodio 462.1 mg

Potasio 53.2mg

Calcio 30mg

Hierro 9.6mg

Vitaminas (Vitamina A; B-6; B-12; C; D; D2; D3; K; Riboflavina; Niacina; Tiamina; K)

Calorías 127

23. Salmón con chile

Ingredientes:

4 filetes de salmón gruesos, cortados en cubos medianos

4 cucharadas de salsa de chile

2 cucharadas de jugo de lima fresco

3 cucharadas de aceite vegetal

Preparación:

Mezcle la salsa de chille dulce y el jugo de lima en un bol. Sumerja los filetes de salmón en esta mezcla y deje reposar durante aproximadamente 30 minutos. Caliente el aceite a temperatura alta. Cocine los filetes durante aproximadamente 8 minutos. Retire del sartén y utilice papel para cocina para absorber el exceso de aceite. Sirva tibio.

Valor nutricional por 100g:

Carbohidratos 16.1g

Azúcar 8.5g

Proteínas 24.1 g

Grasas totales 5.3g

Sodio 511.1 mg

Potasio 82.1mg

Calcio 23mg

Hierro 4mg

Vitaminas (Vitamina A; B-6; B-12; C; D; D2; D3; K; Riboflavina; Niacina; Tiamina; K)

Calorías 151

24. Tocineta con champiñones

Ingredientes:

1 libra de tocineta, rebanada

1 taza de champiñones frescos

4 huevos, batidos

1 taza de tomates cherry, cortados a la mitad

½ taza de queso cottage

1 cucharada de perejil deshidratado

3 cucharadas de aceite para freír

Preparación:

Fría la tocineta a temperatura media-alta durante aproximadamente 5 minutos de cada lado. Reduzca el fuego y agregue los tomates, champiñones y huevos. Condimente con perejil y cubra. Fría durante aproximadamente 6-7 minutos más. Retire del fuego y sirva tibio.

Valor nutricional por 100g:

Carbohidratos 10.g

Recetas para Construir Músculo para Fisicoculturismo, para Pre y Post Competencia

Azúcar 2.5g

Proteínas 23.5 g

Grasas totales 11g

Sodio 534.2 mg

Potasio 81.2mg

Calcio 32mg

Hierro 7mg

Vitaminas (Vitamina A; B-6; B-12; C; D; D2; D3; K; Riboflavina; Niacina; Tiamina; K)

Calorías 170

25. Mezcla de salmón y frijoles verdes

Preparación:

3 filetes de salmón grandes, sin piel

1 taza de frijoles verdes

½ taza de lentejas

1 huevo

1 cucharada de jugo de limón fresco

2 cucharadas de aceite de oliva

½ taza de cebollas verdes, picadas

Preparación:

Hierva el huevo durante 10 minutos. Retire de la olla, deje enfriar y retire la cáscara. Corte el huevo en pequeños cubos. Reserve.

Lave y escurra los frijoles verdes y las lentejas. Mezcle con el huevo.

Caliente el aceite de oliva a temperatura media. Fría los filetes de salmón durante aproximadamente 5 minutos de cada lado. Retire de la sartén y utilice papel para cocina para absorber el exceso de aceite. Deje reposar por un rato y corte en pequeños cubos.

En un bol grande, mezcle los cubos de salmón con las cebollas y la mezcla de huevo. Refrigere durante aproximadamente 30 minutos antes de servir.

Valor nutricional por 100g:

Carbohidratos 18.3g

Azúcar 5.5g

Proteínas 20.5 g

Grasas totales 3.4g

Sodio 390.2 mg

Potasio 53mg

Calcio 22mg

Hierro 7mg

Vitaminas (Vitamina A; B-6; B-12; C; D; D2; D3; K; Riboflavina; Niacina; Tiamina; K)

Calorías 114

26. Cuscús

Ingredientes:

1 taza de cuscús instantáneo

2 zanahorias grandes

½ cucharadita de romero deshidratado

1 taza de frijoles verdes, cocidos y escurridos

10 aceitunas verdes, sin semilla

1 cucharada de jugo de limón

1 cucharada de jugo de naranja

1 cucharada de cáscara de naranja

4 cucharadas de aceite de oliva

½ cucharadita de sal

Preparación:

Lave y pele las zanahorias. Córtela en rebanadas delgadas. Caliente 2 cucharadas de aceite de oliva en un sartén grande a fuego medio. Agregue las zanahorias y cocine, revolviendo constantemente. Deben estar tiernas después de aproximadamente 10-15 minutos. Agregue el romero, los frijoles verdes, las aceitunas y el jugo de naranja. Mezcle bien. Continúe cocinando y revuelva ocasionalmente.

Mezcle el jugo de limón con 1 taza de agua. Agregue esta mezcla a un sartén y mezcle con 2 cucharadas de aceite de oliva, la cáscara de naranja y sal. Deje hervir y agregue el cuscús. Retire del fuego un deje reposar durante aproximadamente 15 minutos.

Vierta ambas mezclas en un bol grande y mezcle bien con una cuchara.

Valor nutricional por 100g:

Carbohidratos 29g

Azúcar 14.2g

Proteínas 31 g

Grasas totales 13g

Sodio 602 mg

Potasio 97mg

Calcio 33mg

Hierro 11mg

Vitaminas (Vitamina A; B-6; B-12; C; D; D2; D3; K; Riboflavina; Niacina; Tiamina; K)

Calorías 202

27. Pollo con aguacate

Ingredientes:

1 pechuga de pollo grande, deshuesada y sin piel, cocida

1 taza de frijoles verdes

½ aguacate maduro, pelado y picado

¼ de pepino, pelado y picado

1 cucharadita de salsa Tabasco

2 cucharadas de jugo de limón fresco

2 cucharadas de aceite de oliva extra-virgen

Algunas hojas de lechuga

1 cucharada de semillas mixtas

Preparación:

Corte el pollo en cubos medianos. Fría durante aproximadamente 5 minutos en un sartén precalentado, revolviendo constantemente. Retire del sartén y reserve.

Mientras, mezcle los frijoles verdes, el aguacate, el pepino, salsa Tabasco, la lechuga y el jugo de limón en una licuadora. Licúe bien durante aproximadamente 30-

40 segundos. Vierta esta mezcla encima del pollo y refrigere por al menos 30 minutos antes de servir.

Valor nutricional por 100g:

Carbohidratos 24g

Azúcar 11.5g

Proteínas 29.5 g

Grasas totales 10g

Sodio 462.1 mg

Potasio 63.1mg

Calcio 11mg

Hierro 5.6mg

Vitaminas (Vitamina A; B-6; B-12; C; D; D2; D3; K; Riboflavina; Niacina; Tiamina; K)

Calorías 165

28. Aguacate asado en salsa de curry

Ingredientes:

1 aguacate grande, picado

¼ taza de agua

1 cucharada de curry molido

2 cucharadas de aceite de oliva

1 cucharadita de salsa de soya

1 cucharadita de perejil picado

¼ cucharadita de pimienta roja

¼ cucharadita de sal marina

Preparación:

Caliente el aceite de oliva en un sartén grande, a temperatura media. En un bol pequeño, mezcle el curry molido, la salsa de soya, el perejil picado, la pimienta roja y la sal marina. Agregue agua y cocine durante aproximadamente 5 minutos, a temperatura media. Agregue el aguacate picado, revuelva bien y cocine por algunos minutos más, hasta que el líquido se evapore.

Apague el fuego y cubra. Deje reposar durante aproximadamente 15-20 minutos antes de servir.

Valor nutricional por 100g:

Carbohidratos 9.8g

Azúcar 2.5g

Proteínas 24 g

Grasas totales 3g

Sodio 112 mg

Potasio 24mg

Calcio 12mg

Hierro 2.3mg

Vitaminas (Vitamina A; B-6; B-12; C; D; D2; D3; K; Riboflavina; Niacina; Tiamina; K)

Calorías 143

29. Vegetales fritos con Tofu

Ingredientes:

Ingredientes:

½ taza de tofu suave

1 cebolla pequeña

1 zanahoria pequeña

1 tomate pequeño

2 pimientos rojos medianos

sal al gusto

1 cucharada de aceite de oliva

Preparación:

Lave y seque los vegetales dando toques suaves con papel para cocina. Corte en láminas o tiras delgadas. Caliente el aceite de oliva a temperatura media y fría los vegetales durante aproximadamente 10 minutos, revolviendo constantemente. Agregue sal y mezcle bien. Espere hasta que los vegetales estén suaves, luego agregue el tofu. Revuelva bien. Fría por otros 2-3 minutos. Retire del fuego y sirva.

Valor nutricional por 100g:

Carbohidratos 27g

Azúcar 6.5g

Proteínas 29.5 g

Grasas totales 11g

Sodio 611 mg

Potasio 72mg

Calcio 27mg

Hierro 6.7mg

Vitaminas (Vitamina A; B-6; B-12; C; D; D2; D3; K; Riboflavina; Niacina; Tiamina; K)

Calorías 198

30. Puerros con seitán en cubos

Ingredientes:

2 tazas de puerros picados

1 taza de seitán, cortado en cubos

aceite de oliva

hojas de tomillo para decoración

sal y pimienta roja al gusto

Preparación:

Corte los puerros en pequeños trozos y lávelos con agua frío, un día antes de servirlo. Déjelo durante la noche en una bolsa de plástico.

Caliente el aceite en un sartén grande, a temperatura media. Agregue el seitán en cubos y fría durante aproximadamente 15 minutos. Agregue los puerros, mezcle bien y fría por otros 10 minutos a baja temperatura. Retire del sartén y deje enfriar. Decore con las hojas de tomillo. Agregue sal y pimienta al gusto.

Valor nutricional por 100g:

Carbohidratos 11g

Azúcar 6.5g

Proteínas 17.1 g

Grasas totales 6g

Sodio 232.1 mg

Potasio 53.1mg

Calcio 32mg

Hierro 4mg

Vitaminas (Vitamina A; B-6; B-12; C; D; D2; D3; K; Riboflavina; Niacina; Tiamina; K)

Calorías 124

31. Cazuela de Berenjena

Ingredientes:

2 berenjenas grandes

1 taza de tempeh, rebanado

1 cebolla mediana

2 cucharadas de aceite

¼ cucharadita de pimienta

2 tomates pequeños

1 cucharada de perejil deshidratado

½ taza de tofu suave, en puré

3 cucharadas de pan rallado

1 taza de leche libre de grasas

½ taza de crema de leche libre de grasas

Preparación:

Engrase la bandeja para hornear con el aceite. Precaliente el horno a 350 grados. Pele las berenjenas y córtelas longitudinalmente en rebanadas delgadas. Forme una capa con las rebanadas de berenjena en una bandeja para hornear. Pele y corte la cebolla y los tomates en rodajas delgadas. Forme otra capa en la bandeja para hornear. Distribuya las rebanadas de tempeh encima.

Mezcle el pan rallado con la leche libre de grasas, el puré de tofu, la crema de soya, el perejil y pimienta en un bol grande. Bata bien hasta que la mezcla esté uniforme. Vierta esta mezcla encima de su cazuela y hornee durante aproximadamente 20 minutos.

Corte en 6 trozos iguales y sirva.

Valor nutricional por 100g:

Carbohidratos 17.1g

Azúcar 3.5g

Proteínas 20.5 g

Grasas totales 5g

Sodio 568mg

Potasio 81.2mg

Calcio 30mg

Hierro 5.1mg

Vitaminas (Vitamina A; B-6; B-12; C; D; D2; D3; K; Riboflavina; Niacina; Tiamina; K)

Calorías 177

32. Salmón con salsa de pepino

Ingredientes:

4 filetes de salmón, rebanados

1 taza de cebada integral, cocida

1 pepino grande, pelado y picado

2 cucharaditas de aceite de oliva

½ cucharadita de comino molido

1 cucharadita de azúcar morena

½ cucharadita de pimienta negra

½ cucharadita de sal marina

1 taza de yogur Griego

1 cebollín, finamente picado

1 cucharadita de jugo de limón fresco

Preparación:

Mezcle el aceite de oliva, comino, el azúcar morena, la pimienta y la sal en un bol. Coloque el salmón en una bandeja para hornear y cubra con esta mezcla. Refrigere durante aproximadamente 20 minutos.

Precaliente el horno a 350 grados. En un bol pequeño, mezcle el yogur Griego con el pepino, cebollín, perejil y jugo de limón. Hornee el salmón durante aproximadamente 7-10 minutos y sirva encima de la cebada, cubierto con la salsa de yogur Griego.

Valor nutricional por 100g:

Carbohidratos 27g

Azúcar 11g

Proteínas 26.7 g

Grasas totales 8g

Sodio 598 mg

Potasio 92.1mg

Calcio 41mg

Hierro 11mg

Vitaminas (Vitamina A; B-6; B-12; C; D; D2; D3; K; Riboflavina; Niacina; Tiamina; K)

Calorías 182

33. Burritos de Seitan

Ingredientes:

1 taza de frijoles verdes cocidos

1 libra de seitan, picado

1 taza de tofu suave

½ taza de cebollas picadas

1 cucharadita de pimienta roja molida

1 cucharadita de chile en polvo de

6 tortillas integrales

Preparación:

Mezcle el seitan con la pimienta roja molida, el chile en polvo y las cebollas en un sartén para freír. Revuelva bien durante 15 minutos a baja temperatura. Retire del fuego.

Mezcle el tofu con los frijoles verdes en una licuadora. Mezcle bien durante aproximadamente 30 segundos. Agregue la mezcla de tofu mixture al seitan. Divida esta mezcla en 6 partes iguales y distribuya encima de las tortillas. Envuelva y sirva.

Valor nutricional por 100g:

Carbohidratos 19g

Azúcar 7.5g

Proteínas 17 g

Grasas totales 4.3g

Sodio 188mg

Potasio 72 mg

Calcio 27mg

Hierro 5.9mg

Vitaminas (Vitamina A; B-6; B-12; C; D; D2; D3; K; Riboflavina; Niacina; Tiamina; K)

Calorías 123

34. Tajín con garbanzos

Ingredientes:

4 tomates pequeños, picados

1 cebolla mediana, en rodajas

1 calabacín mediano, picado

1 taza de albaricoques deshidratados

2 cucharadas de aceite de oliva

½ cucharadita de sal marina

2 zanahorias pequeñas, rebanadas longitudinalmente

2 dientes de ajo, molidos

2 cucharadas de jengibre, picado finamente

2 cucharaditas de miel

1 cucharadita de comino, molido

1 cucharadita de canela, molida

¼ cucharadita de cúrcuma

½ taza de agua

2 tazas de garbanzos, escurridos

2 cucharadas de jugo de limón fresco

1 taza de cuscús integrales, cocidos

3 cucharadas de almendras, picadas finamente

Preparación:

Caliente el aceite de oliva a temperatura media en un sartén grande. Agregue las cebollas y la sal. Fría durante aproximadamente 5 minutos, revolviendo ocasionalmente. Ahora, agregue las zanahorias y fría por otros 5 minutos.

Ahora, agregue las especias y suba el fuego. Revuelva bien y agregue los tomates, el calabacín y los albaricoques. Vierta el agua y deje hervir. Tape y reduzca el fuego. Cocine a fuego lento durante aproximadamente 20 minutos.

Ahora agregue los garbanzos y el jugo de limón. Cocine destapado hasta que los garbanzos estén listos y el agua se evapore. Derrita la miel y retire del fuego. Sirva con cuscús y espolvoree con las almendras.

Valor nutricional por 100g:

Carbohidratos 22.7g

Recetas para Construir Músculo para Fisicoculturismo, para Pre y Post Competencia

Azúcar 7.1g

Proteínas 19g

Grasas totales 7.4g

Sodio 570 mg

Potasio 71.2mg

Calcio 35.3mg

Hierro 8mg

Vitaminas (Vitamina A; B-6; B-12; C; D; D2; D3; K; Riboflavina; Niacina; Tiamina; K)

Calorías 167

35. Pan de semillas de chía

Ingredientes:

3 tazas de harina de trigo sarraceno

½ taza de puré de calabaza

1 taza de semillas de chía picadas finamente

agua tibia

sal

½ paquete de levadura deshidratada

Preparación:

Mezcle la harina, el puré de calabaza y las semillas de chía con la sal y levadura. Agregue agua tibia y revuelva hasta obtener una masa uniforme. Deje reposar en un lugar cálido durante aproximadamente 30-40 minutos. Rocíe con agua fría y hornee a 350 grados, durante aproximadamente 40 minutos, hasta que dore. Retire del horno, cubra con una servilleta de cocina y deje enfriar.

Valor nutricional por 100g:

Carbohidratos 17.2g

Azúcar 3.5g

Recetas para Construir Músculo para Fisicoculturismo, para Pre y Post Competencia

Proteínas 21.5 g

Grasas totales 5g

Sodio 528.1 mg

Potasio 84.1mg

Calcio 30mg

Hierro 9mg

Vitaminas (Vitamina A; B-6; B-12; C; D; D2; D3; K; Riboflavina; Niacina; Tiamina; K)

Calorías 171

OTROS GRANDES TÍTULOS DE ESTE AUTOR

The Ultimate Guide to Weight Training Nutrition: Maximize Your Potential

By Joseph Correa

Becoming Mentally Tougher In Bodybuilding by Using Meditation: Reach Your Potential by Controlling Your Inner Thoughts

By Joseph Correa

www.ingramcontent.com/pod-product-compliance
Lightning Source LLC
Chambersburg PA
CBHW070129080526
44586CB00015B/1623